肖复兴读写系列

肖复兴 / 著

我和孩子一起学画画

WO HE HAIZI YIQI XUE HUAHUA

SPM 南方出版传媒

全国优秀出版社 全国百佳图书出版单位 广东教育出版社

·广州·

图书在版编目（CIP）数据

我和孩子一起学画画／肖复兴著. —广州：广东教育出版社，2018.10
（肖复兴读写系列）
ISBN 978-7-5548-2280-7

Ⅰ. ①我… Ⅱ. ①肖… Ⅲ. ①家庭教育 Ⅳ. ①G78

中国版本图书馆CIP数据核字（2018）第080907号

责任编辑：邱　方
责任技编：杨启承
装帧设计：陈宇丹

广东教育出版社出版发行
（广州市环市东路472号12-15楼）
邮政编码：510075
网址：http://www.gjs.cn
广东新华发行集团股份有限公司经销
广州市一丰印刷有限公司印刷
（广东省广州市增城区新塘镇民营西一路5号）
720毫米×1000毫米　16开本　13.25印张　插页6页　265 000字
2018年10月第1版　2018年10月第1次印刷
ISBN 978-7-5548-2280-7
定价：39.80元
质量监督电话：020-87613102　邮箱：gjs-quality@gdpg.com.cn
购书咨询电话：020-87615809

目录

Contents

1. 小孩子为什么要画画

红猪　高高（三岁半）

我不是画家，小的时候也没有专门学过画画。升入初中，有一门图画课，我画的水平一般般，再怎么努力画，老师给的分数最多只是一个“良”。这很让我扫兴，甚至丧气，对画画也就失去了兴趣。

但是，我相信小孩子天生都是画家。对于美术的认知，小孩子要比大人更接近美术的真谛，或者说是原点。这也就是为什么一些非写实派的画家，如毕加索、凡·高、马蒂斯，或米罗、达利的画，有很多大人看不懂，小孩子却会很喜欢。尽管他们说不出其中的道理，却天然能和这些画家的画作心灵相通。这就是美术这门艺术对于小孩子独特的意义。它比识字和算数，乃至弹琴、舞蹈、武术等一切如今小孩子热门的课外辅导班的学习，要简单，容易，直观。而且，从生理的感官到心理的感觉上，更能引起孩子本能的兴趣，只要动手，即便成画，无师而自通。

小孩子为什么要学画画，原因就在于此。这个感性的认识，是在我有了儿子以后逐渐领悟到的。至今，我还清晰地记得，三十五年前，儿子三岁左右的时候，和他的妈妈住在天津一个叫做小王庄的仓库里面，暑假的时候，我去看望他们母子，白天，妈妈上班去了，屋子里就剩下我们两人，无事可干，我对儿子说，我教你画画吧。掀开床板，伏在床头，我用三角、方块和圆这样简单的图形，画出了一个个不同的小动物。儿子的画画，就是从这些最简单笨拙的三角、方块和圆，喜欢上了画画。尽管，那些三角、方块和圆画得歪七扭八，但不妨碍他画得来劲儿，画的小动物比我画得生动可爱。

孩子长大，似乎是一瞬间的事，如梦如烟。2009年的年底，儿子的大儿子出生了。两年之后，儿子的二儿子出生了。生命的

猫头鹰、小鸟和蜗牛　得得（三岁半）

轮回，在时间的流逝中完成。两个孙子都是在美国普林斯顿大学的医院里落生的，他们的父母分别给他们起了中文名字：肖易和肖禾，小名叫高高和得得，又分别给他们起了个英文名字，老大叫Easton，老二叫Jake。教这两个小孙子画画的事情，不知不觉，命定的轮回一般，又落在我的身上。

红绿灯　高高（六岁）

没有一个孩子不是天生就喜欢画画的，看大人拿笔，孩子也会跟着学你拿笔的样子，甚至会抢你手中的笔，在纸上随手乱画。所谓涂鸦，就是这般样子，所有孩子画画都是这样开始的。教孩子画画，一般会和教孩子识字同步，甚至应该更要早些。因为这时候小孩子画画，要比识字简单，容易，可以随心所欲，尽情涂抹，而痛快淋漓。

为什么我们大人要教孩子学画画？这时候的我，和三十多年前刚有了孩子的时候，已经不大一样，不会那样盲目。我在教孙子画画的时候，就开始问自己这个问题。

这时候教孩子学画画，是为了培养孩子，让孩子以后当一名画家吗？我从来没有这种想法，两个孙子的父母，也从来没有这样的想法。以往的经验告诉我们，很多被称之为神童的画家，曾经风光一时，长大以后，却都没有成才，没有成为真正意义上的画家。以我自己的儿子为例，他小时候画的也不错，曾经在中国美术馆展览过，其中两幅儿童画还被送到日本参加过展览，但是，长大以后也没有成为画家。所以，教孩子画画，一定先要端正我们做家长的思想，不要做望子成龙这样非分虚妄和功利之想。

那么，教孩子学画画，为了什么呢？

以我一己的实际经验而言，在于这样四点——

一是让孩子坐得住。小孩子没有一个是不爱玩的，特别是男孩子，俗话说是：三四岁，讨人嫌。坐不住，椅子上跟安了弹簧似的，爱动，爱闹，是孩子的天性。我小时候，我的父母说我坐不住的时候讲是“屁股底下长了草”。这时候，能让孩子坐住的法子，一般除了给孩子讲故事、玩玩具之外，教孩子画画，是最有效的法子，尽可能地让屁股底下的草变成纸上的花。

彩色的鱼　高高（四岁半）

让孩子坐得住，是让孩子从小养成良好习惯的一种，这种习惯，对于孩子的成长很重要。特别是他们长大以后，求学的各种阶段，特别需要这种坐得住的习惯。坐得住，就是能够全神贯注，不要心有旁骛，排除外界的干扰。这种静心的培养，尤其是如今电子时代里手机、平板电脑等上面纷繁游戏的诱惑，要抵挡，对于任何一个孩子都不那么容易、简单。我们的孩子学画画，以后绝对成不了画家，但是，能够从小养成这样的习惯，是比成为画家更重要的事情。

弹钢琴　得得（五岁）

二是让孩子从小对世界万物有兴趣。兴趣这个东西，很多人都觉得与生俱来，哪个孩子都有。往往容易忽略了，很多孩子的兴趣，常常是三分钟的热乎气，如同蒸汽熨斗，热得快，凉得也快。而且，很多孩子的兴趣，变化得很快，如同夏天里的云彩，今天有雨，明天没雨的，没有常性。教孩子学画画，让孩子看见自己在纸上涂鸦的变化而有了兴趣，并能够将这种兴趣长期坚持，特别在孩子学龄前，学画画是行之有效的法子，是和学习舞蹈、钢琴、小提琴跆拳道相比最便宜的通道。无须出门，在家里就行。

这里会出现一个问题，即我们做家长的，绝大多数都不是绘画的专业人士，我们教得了孩子学画画吗？不会误人子弟吗？如果我们不是抱有让孩子成名成家的功利想法，只是和孩子一起，旨在从培养孩子的兴趣出发，任何一位家长都是可以做得到和孩子一起学画画的。况且，这时候，即使把孩子送到外面跟专业老师学画画，这样年龄的小孩子，学的也只是儿童画。学习正规的素描，孩子还得再大一点儿。

需要再强调一点，兴趣，是学习最好的老师。从学画画蔓延开来，培养孩子对世界万物的兴趣，对于孩子长大以后的学习至关重要，由此培养孩子对世界万物的观察兴趣和能力，便是比仅仅会画画更重要的事情。而这样的观察能力的培养，对于日后他的学习和生活能力的提高，是很有帮助的。我们常常说的，一个孩子既要有智商，也要有情商，包括美术在内的一切艺术的教育，对于大多数的孩子而言，不在于去成为专门艺术的专家，而是旨在培养提高自己的情商。从兴趣出发，培养观察能力，则不过是通过学画画这样一种美育的形式，埋下一粒种子，待以后发芽长大。这是我要格外强调讲的第三点。

四是在学习绘画的过程中沟通和孩子之间的感情。这是和孩子小时候，大人必须要抽出时间来和孩子一起玩，在玩中加强和孩子之间的感情交流的作用是一样的。如果认同这样一点，那么，学画画，其实就是一种游戏，大可不必那么认真，更不必那么功利，非要让孩子学一技之长，成为日后混日子的一种本事。还有比和小孩子沟通交流情感更重要的事情吗？我们常说的天伦之乐，其中的乐趣，正在于和孩子沟通交流的点滴碰撞之中。孩子的童年，转瞬即逝，如此的感情相融，过了这村就没这店。这一切，在学画画的过程中，为我们天然铺设下了这样一条色彩缤纷的道路，花木繁盛，曲径通幽，乐趣无穷。

2. 乱画就是儿童画

蝴蝶　高高（四岁半）

老大高高半岁的时候，我到普林斯顿去看他。我在那里住了小半年，待我要走的时候，高高已经快一岁了，可以蹒跚地满地走了。那时，我没有教他画画，毕竟还小。但买了一些彩笔，在小黑板上随手画一些画逗他玩。那些彩笔和黑板上的画，就是他对画画最初的认识。这种认识必定要通过他自己的手加以落实，就像那时候他第一次看见了鳄梨，一定要亲口尝一尝，断定是什么滋味，自己喜欢不喜欢一样，方才让画画能够有滋有味地印在他的生命中。这便是孩子最初的绘画。

这样最初的绘画，我们大人一般会说，就是瞎画，乱画。

没错，就是瞎画，就是乱画。如果像我们大人一样一本正经有条有理地去画，就不是孩子了，尤其不是小孩子了。

有一天，我们大人都没有注意，他拿起彩笔，一边走，一边在墙上画了起来，一道一道，谁也看不明白的线条，如蛇走泥地留下的弯曲蔓延的痕迹，搞得干净洁白的墙乱七八糟，再用小脏手一抹，更像给墙涂抹上了小花脸。

但是，这就是孩子最初的绘画。

我在责备了孩子以后，想起了两桩往事，忽然很后悔对孩子的责备。

一桩是我的小时候，放学回家，很喜欢拿着一块滑石，那种滑石，现在早见不着了，是那时候我们在小黑板上专门用来写字

家　得得（三岁半）

用的，很软，能在黑板上写出白字，是经济拮据年代里，完成作业而节省作业本的一种替代形式。放学的时候，拿出它来，我是要在胡同那一溜儿灰墙上，一边走一边用它在墙上划出一道印痕来。然后走进院子里，再用它在院墙上划出一道印痕来。那些弯弯曲曲长长的滑石印痕，带给我特别不一样的快感，不是和高高用彩笔在墙上画出的这一道道印痕异曲同工吗？

家　高高（五岁半）

那时，我都上学了，比高高大多了，不还是一样的心思，一样的玩法吗？无论时代发生了怎样的变化，孩子的心理都是一样的。

另一桩事，是好多年前曾经在北京美术馆里看过的一次画展，是西班牙画家米罗在我国举办的第一次画展。最有意思的是，其中有一面墙那样大的一幅照片，照片是一面墙，保留着米罗故意在墙上涂抹的各种颜色的线条和图案。这是米罗小时候留给他家墙上的杰作，和高高一样的瞎画，乱画。

想来，所有的孩子都是一个德行，绘画的成果，仅仅显现在纸上，是不够带劲的，必须要在墙上一显身手，方才找到了更能施展孩子天性的地方，像唱戏的找到了舞台。这和我们大人的想法不一致，我们的想法是要画画就必得正规地在纸上画。在墙上画，会把墙弄脏。想法不一样，是因为心理不一样，儿童心理，觉得世界上的一切对于他都是新奇的，一切拿在手里都要试一试，一切东西都可以用来玩，随心所欲，甚至有点儿破坏欲，才好玩。

在这里，玩很重要，小孩子学画画，千万不要一本正经，正襟危坐，先给孩子制定那么多的条条框框。

又有一天，一家大人在厨房里忙乎，高高一个人在客厅里玩。他又拿起了彩笔，这一次，他不是在墙上挥舞，而是往地毯上招呼。等我们出来一看，他已经在地毯上完成了他的杰作，地毯上一大块，被他画得五颜六色。当然，照样是瞎画，乱画。一块地毯，怎么洗也洗不干净了，比墙上画的那些线条还要惹人眼目。对于我们大人，地毯上那脏兮兮的一大块，像块癞疮疤；对于孩子，却是他一岁时的绘画杰作，尽管只是瞎画，乱画。

我家老二得得第一次来北京，两岁不到，无师自通一般，跟哥哥一样，在我家的墙上，也用彩笔画下了一道道他的痕迹，像是雁过留声，水过留痕，他要告诉我们，二爷我得得来过北京了！

有什么办法呢？瞎画，乱画，就是孩子学画画的第一步。也可以这样说，孩子最初的乱画，瞎画，就是最原始的儿童画。所以，在米罗的画展中，特意将他这样最原始的儿童画，拍成照片，让我们观看。

不要责备孩子，这样的儿童画，对于任何一个孩子，都不可能太多，都不能复制。对于米罗，能够有心地保存着这样孩子时歪歪扭扭却也天真无邪的印迹；对于我们一般常人，这些印迹都不会如米罗那样有眼光敝帚自珍地被保存，而只能留存在我们的记忆里。

3. 曲线是孩子的

跳舞　高高（四岁）

高高快三岁的时候，我教他画画。

我拿来一张白纸，一支圆珠笔，递给他，对他说：你随便画，想画什么画什么！想怎么画就怎么画！

他听我这样说，毫不犹豫，信心十足，上来大笔一挥，弯弯曲曲的线条，像是链环一样，更像是铁丝一样，密密麻麻的，交错地套在一起，缠在一起，占满了纸上上下下的空间，仿佛他是在拿着水龙头肆意喷洒，浇湿了花园里所有的地皮，他自己也被浇得湿淋淋一身。

我问他：你说说，这是画的什么呀？

他摇摇头，以为我是在责怪他。他望着我，仿佛在说：你不是让我想画什么就画什么，想怎么画就怎么画吗？

我拿过来他手里的圆珠笔，在纸的左下端弯曲的乱线中他无意画出的一个圆圈的中间，画了一个小黑点。我又问他：你看这回像什么？

小鸟　高高（三岁）

立刻，他兴奋地叫道：鸟！

是的，孩子笔下看似乱七八糟的曲线，瞬间就活了似的，变成了一只抖动着漂亮羽毛的鸟。是动物园里从来没有见过的鸟，是我们大人永远画不出来的鸟。

我和他一起用彩笔，在这只鸟的不同乱线之间，涂抹上了不同的颜色。特别有意思的是，在眼睛下面露出的一个尖尖的小三角，好像是他刚才画时有意留出来的鸟嘴，我让他在那里涂上了鲜艳的红色。一下子，小嘴格外漂亮。孩子望着自己画的画，很高兴，刚才还是一团乱麻一样的曲线，像是变魔术一样，立刻变成了一只鸟，让孩子有些兴奋不已。

孩子最初的画，都是这样一团乱麻的曲线。从来没有见过哪一个孩子最初能够画出笔直的直线或圆形出来的。这和孩子最初学走路一样，总是歪歪扭扭、跌跌撞撞的，不会那样如同仪仗队一样的笔直坚挺，健步整齐。但是，我相信任何一个孩子笔下任意挥就的曲线，都可以是一幅充满童趣的画。我们在毕加索变形的和米罗抽象的画中，都能够找到孩子们挥洒的曲线的影子来。比起直线来，曲线就有这样神奇的魔力和魅力，它将万千世界化繁为简，浓缩为随意弯曲的线条，有了柔韧的弹性和想象力。

所以，与毕加索和米罗是老乡，同样出生在西班牙巴塞罗那著名的建筑家高迪曾经说过："直线是人为的，曲线是上帝的。"

曾经听说过曲线属于女人，却从来没有听说曲线属于上帝，在高迪的眼里，曲线如此的至高无上。从高高这第一幅画鸟来看，高迪说的还真有点儿道理。大自然中，谁见过有直线存在吗？常说笔直的大树，其实是夸张的形容，树干也是由些微的曲线构成，才真的好看，就更不用说起伏的山脉、蜿蜒的河流，或错落有致的草地花丛、鸟飞天际那摇曳的曲线。巴甫洛夫说动物都知道两点之间直线距离最短，其实两点之间动物跑出的从来不会是一条直线，雪地里看小狗踩出的那一串脚印，弯弯曲曲的，才如洒下一路细碎的花瓣一样漂亮。

风来了　高高（六岁）

想起前几年，我在塞尔维亚的首都贝尔格莱德看一个现代艺术展，展览馆外先声夺人立着第一件展品，是一幅现代装置的雕塑，在本来应该爬满花朵的花架里，塞满了一大堆缠绕在一起的铁丝网，乱麻一般的铁丝网的曲线，肆意而充斥着饱满的张力，纠葛着，冲撞着，花架成了想要约束它们却又约束不了它们的一幅画框。在这样尖锐的曲线面前，你可以想象许多，为它取好多个题目。这些乱七八糟厮缠一起的铁丝成了一幅艺术品。

这些乱七八糟的铁丝，让我想起了高高画的那些乱七八糟的曲线。

没错，直线是人为的，曲线是上帝的。也可以说，直线是大人的，曲线是孩子的。因为这个上帝属于自然、属于艺术，同时也属于孩子。因为只有这三者最容易接近上帝。

迷宫　高高（七岁）

4. 乱抹的颜色是画的漂亮衣裳

高高一岁多就上幼儿园，比一般孩子早。他熟悉幼儿园的生活，习惯到幼儿园去。美国的幼儿园和我们国家的幼儿园相比，很多相同，很多不同，其中最大的不同，这里的幼儿园主要就是玩，很少有我们的识字和算数所谓早期教育，也没有什么不要输在起跑线上之类的忧虑。

蚂蚁　得得（五岁半）

有很长一段时间，幼儿园的老师让孩子画画。她们没有任何的教材和方法去教孩子画画，幼儿园有很多彩笔和各种颜色，水彩，水粉，油画棒，油画颜料，各种颜色的纸张，应有尽有，任孩子随意挑选，随意挥洒，以此让孩子们玩，在这样的玩之中认识色彩。这样的方法，符合这个年龄段孩子的心理特点。

记得画家高更曾经说过这样的话：色彩给我们的感觉是谜一样的东西，色彩经常赋予它音乐感，这种音乐感出自自然属性。高更说的色彩的这种“自然属性”，用在孩子的身上最恰当不过。孩子不懂色彩，他们的任意涂抹，才是色彩挥发真正的自然属性。所谓自然，就是孩子的天性。大人尤其是画家，懂得了色彩，这种自然属性会渐渐被人为所替代。

每天傍晚，幼儿园放学，老师会把孩子画的画交给来接孩子的家长。家长、老师和孩子，都会望着这些任性的画，谁也看不懂的画，忍俊不禁，送走了孩子在幼儿园里尽情玩耍的一天。

这种无为而治的方法，我觉得不错，挺适合小孩子的。一般，我们往往愿意从具象的路数教孩子画画，比如教孩子先画个房子，画个太阳，画朵小花小草小兔子之类，如果孩子画得挺像，或者有点儿像，孩子和大人都非常高兴。

当然，这种方法没有什么不好，只是孩子在还很小的时候，对于具象的事物还无从把握，像，不应该是这时候教孩子画画最主要的策略和意图。像，往往容易成为束缚孩子最初画画的思维和乐趣，乃至积极性。我一直以为，像和不像，是我们最初教孩子画画的一个误区，是以我们大人的思维模式强加给孩子的，是不大符合这种年龄孩子的心理特点的。

从某种意义而言，不像才是儿童画，太像了，就不是儿童画了。我一直认为，像与不像，是儿童画的分野。

可以先用蜡笔，再用彩色铅笔，让孩子随意挥洒（填颜色也是一种方法），在玩中体味画笔和颜色在纸上接触后变化的感觉，应该是教孩子学画画的前奏。这时候的孩子，个个都是抽象派大师，只要放开手，我们大人都可以是胜任教孩子画画的第一个老师。

我教孩子画画，第一是让孩子画线条，就是乱画；第二是让孩子认识色彩，还是一个乱字：乱抹。

有一段时间，我正在美国，每天都看见高高从幼儿园拿回家这些乱抹得任谁也看不懂的画。做家长的看了都很高兴，眼睛里充满欣赏的眼光。也是，一畦萝卜一畦菜，自己的孩子自己爱，就是刺猬样的孩子，也觉得是光滑的呢。爱屋及乌，便也不可救药地喜欢孩子画的这些我们看不懂的画，而对于那些真正抽象派大师的画，我们往往会以看不懂为理由，对之轻易否定，或不屑一顾，或失之交臂。这常常是我们做大人的心理和态度。

有一天，高高拿回好几张画，都是他用水粉在牛皮纸上涂抹的。一张是在暗红色的牛皮纸上，涂抹着几块白色的长条和随手洒下的点点白色斑点（大概不是有意而是不小心），老师很喜欢这张，给它取了名字叫：Ghost（幽灵）。一张是在褐色的牛皮纸上横涂竖抹的，底色很沉，是那种棕色，还有一些黑色的斑斑点点和一抹抹的橙黄，左面上方的一角，涂抹的却是一团纷乱鲜亮的红色和粉色。当然，这是我的观后感，

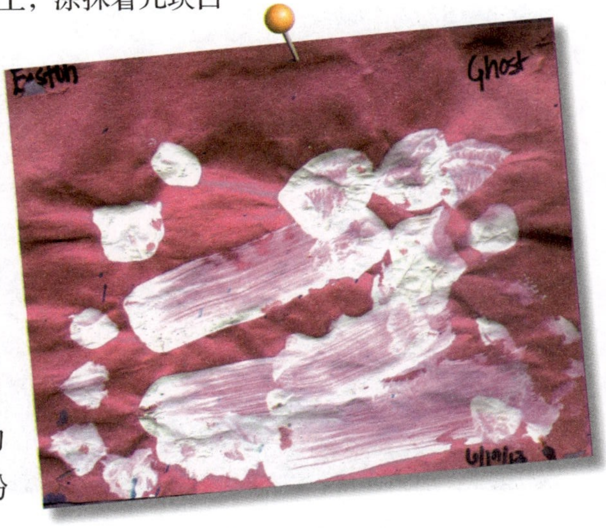

幽灵　高高（两岁半）

小孩子是不会有那种明暗关系的感觉的，他只是随意泼洒着他手中的颜色，觉得挺好玩而已。

我更喜欢这张，把这幅画剪裁了一下，去掉了大部分，只留下了这一角，突出了上方的那一团鲜亮的红粉色，然后把它装进一个小镜框里。大家看了，都觉得好看。为什么好看，又都说不出来其中的道理和奥妙。好像前后色彩明暗的对比，是孩子有意做出来的，其实，如果真的让孩子按照这样意图来画，他就画不出来了。

那一团鲜亮的粉色和红色，像一朵盛开的花？那一抹棕色和橙黄，又像什么呢？像石头或者山崖吗？黑色呢？像山崖的顶端吗？

随你怎么想都行。

我给它起了个名字：山上的花。

山上的花　高高（约三岁）

这是高高三岁左右的时候，色彩给他的快乐，还给了他成就感。漂亮的颜色，就像是给画穿上了漂亮的衣服。孩子对于颜色，天生会有一种比我们大人更多的敏感。记得我国最早一批到法国留学的画家之一庞薰琴先生，在回忆他小时候对画画的喜爱，最初就是从色彩开始，从家里晾衣绳上挂着的衣服开始的，他觉得那些颜色不一样的衣服色彩非常好看，他常常站在那些衣服之间看好久，痴迷阳光下闪烁着光斑的鲜艳的色彩。

高高四岁多的时候，从幼儿园又拿回一幅他画的画，是在一张白纸上涂抹了粉、紫、黄、翠绿和墨绿好几种颜色。我不懂他用的是什么颜料，涂抹在纸上，显得很厚，但又有点儿洇的感觉，便让这几种颜色交错的边缘部位相互有点儿渗透，组合在一起的色彩缤纷有趣了起来。

那天，高高让我教他画画，我和他坐在地下室的桌前，面对朝西北一窗夏日西垂的灿烂阳光。我对高高说：你看你画的这画颜色多好看呀，如果你在这些颜色中间，能再画几个小人，就更好看了！

他问我：画什么人好？

那时，他已经能够用简单的线条画小人了，是那种简笔画的小人。我说：你就画你妈妈，一手领着你，一手领着你弟弟。

他很快就画出了妈妈领着他和弟弟，像是从公园里的草地中走来。

多好看！我夸奖他说。

妈妈领着我和弟弟从草地走来
高高（四岁半）

他拿着画，给爸爸看，爸爸说：真好看！

他拿着画，给妈妈看，妈妈也说：真好看！

那张幼儿园老师起名《幽灵》的画，后来被幼儿园展览。那幅我称之为《山上的花》的画，当时就被高高的爸爸拿走，拿到他的办公室里，放在他的写字台上。

四年过去了，孩子长高了好多。现在看高高七岁画的那幅水中的鳄鱼，会看到他的进步，那一片浩瀚紫色的色块，已经不是随意，而是有意的涂抹，还画波浪隐形的波纹，非常的漂亮。

鳄鱼　高高（七岁）

这次来美国，我想找这幅我称之为《妈妈领我和弟弟从草地走来》的画，翻遍了高高和弟弟得得专门放他们的画的书架，都没有找到。最后，在地下室找到了。居然还是放在了西窗前的书桌上。四年了，它一动未动，好像时间一直定格在四年前那个夏天夕阳西下的黄昏。而此时，窗外是皑皑的雪花铺满了一地。

5. 一个圆圈怎样变成一头狮子

大象　高高（五岁半）

没有一个小孩子不爱去动物园玩的。每一次孩子回到北京，我总要带他们去动物园玩，每一次去，动物园里都是人山人海。小孩子和动物有着天然的联系，在动物园里，再凶猛的动物，也变成了童话里的人物，孩子可以和它们交谈，甚至戏耍。

在孩子渐渐大了一点儿，有了一定的造型能力的时候，我以为教孩子画动物，是最好的选择，孩子愿意和你一起画。

要先找那些造型有特点，同时又好画的动物来画，不要选择过于复杂的。此外，不要先去画动物的四肢，四肢比较难画，先去画动物的头。总之，要避难就易。

兔子和狮子，是我喜欢用的最开始画动物的入门向导。

兔子的长耳朵，三瓣嘴，最明显，也最好画。你怎么把兔子画得变了形，走了形，比如脸变成了圆形或方形，都没有关系，只要是长耳朵和三瓣嘴在，那一定就是兔子。

山羊　高高（六岁半）

这是有一次我在印第安纳波利斯美术馆里受到的启发。那里有一个儿童画室，四周的墙上，挂满了孩子们的画，画的都是兔子，千奇百怪，各种形状、各种颜色的兔子，都是兔头，好像那一墙的兔子刚把自己的脑袋从各种颜料桶里扎完猛子出来，色彩淋漓，特别的醒目。说实在的，那些兔子的脑袋真的很好玩，连我作为大人都觉得非常的奇特。这些兔子，不是动物园里真实的兔子，是只有童话里才可以出现的那种可爱的彼得兔，而且比童话书里大人画的还要有趣。它们是孩子心目中的兔子。

我拉着高高走到这里，让他来看，问他有意思没有意思。他也觉得有意思。然后，我让他从墙上的这些兔子中挑一只他最喜欢的，照着它也画一张画。

儿童画室中间，摆着一张长条桌子，桌子上面放着好多纸张和彩笔、胶水和剪刀，为的就是让孩子们坐在那里涂鸦。在美国的美术馆里，这几乎成为必备的一个硬件。

高高坐在那里，很快就画好了，有墙上的榜样兔子在，又不算难。只要有一个三瓣嘴，有两只耳朵，尽管不一样长，只要足够长就行了。谁看完之后，都说画的是兔子！他也说是兔子！是他画的第一只兔子，属于他自己的兔子。

第一只兔子　高高（三岁半）

兔子，可爱的兔子，给了他信心，给了他乐趣。

我又教他画狮子，主要是画狮子头。那时候，他刚看完电影《狮子王》，余味未尽。我对他说：你画一个圆圈，我只要添上几笔，就能把这个圆圈变成一头大狮子，你信不信？

他摇摇头。不信。

我拿来一张白纸，说：你先画个圆圈。

狮子　得得（五岁半）

他一笔就画完了，尽管这个圆圈画得并不那么圆。

我用笔先在圆圈中间画了两个小黑点儿，在下面画了一个和兔子一样的三瓣嘴，再在圆圈的四周画了一圈曲线。我问他：像不像狮子？

他说：像。

我又问他：难画吗？

他说；不难。

我又找了张白纸，把笔递给他：你也画一个狮子试试。

照葫芦画瓢，他在圆圈的四周用乱乱的曲线连在一起，这种曲线，他拿手，因为在很小的时候他经常画的就是这样乱七八糟的曲线。如今，这样的曲线，越乱越不嫌乱，越乱，越像是狮子头上乍起来的那威风凛凛的鬃毛。就像兔子的头上有了那两个长耳朵一样，只要有了这样乱蓬蓬的鬃毛，一个圆圈就迅速地变成狮子了。

就这么简单。就这么容易。

他很高兴，问我：狮子的身子好画吗？

我说：太好画了，比狮子头还好画！

他让我接着教他画狮子的身子。

我对他说：狮子的身子，只要用一个三角形就能够代替。他

狮子　高高（五岁半）

在狮子头的旁边，画了一个三角形，尽管三角形小了点儿，和狮子的大脑袋不成比例，但就是一头在跳大头娃娃舞的狮子，有什么不可以的呢？

我在三角形最边的一个角上再添一个尾巴，他最后涂上了颜色，这头狮子就大功告成了。

6. 第一次拿毛笔学国画

阳光下 高高（七岁）

高高三岁半的时候，到北京跟我和奶奶一起生活了三个多月。那是我们一起学画画最好的阶段。除了带他到北京的公园游玩，沿途看广告牌、商店的匾额认识中国独有的象形字之外，在家里学画画，成为生活的一个重要内容。

那天，我第一次拿出毛笔、墨汁和宣纸，对高高说：今天爷爷教你画国画好不好？

玩具马　得得（六岁）

他仰着小脸，连声说：好呀！同时，他也睁大眼睛望着我，望着桌子上的毛笔、墨汁和宣纸。他不知道什么是国画。这些东西和他以前画画用的东西都不一样。

我先给他做做样子，用毛笔蘸着墨汁在宣纸上画出几道弧线，然后让他拿起笔来，也在宣纸上画线，就像最初教他画画一样，先从线入手。

毛笔拿在手里，总觉得有些别扭，毕竟毛笔比以前用过的笔要大，小手握着，有些吃力。我教他握笔的法子，很快，他学会了握笔的姿势。但是，和以前用的铅笔蜡笔相比，毛笔的笔头是软的，蘸好墨汁，笔涂在纸上，立刻洇成一大团黑。

我说：你的笔蘸墨汁，不要一下蘸那么多。另外，下笔也不要那么使劲儿，一定要快，不要犹豫，随便画，画曲线可以，画

猫咪　高高（八岁）

圆圈也可以，你想怎么画都行，咱们开始就是让你看看中国画和外国画的画法是不是不一样，就可以了。

他开始用笔尖轻轻地蘸了一点儿墨汁，小心翼翼地在宣纸上画起来。大概刚才第一次画成了一个大黑坨坨，这回显得格外小心。我对他说：别怕，你越是犹豫，越容易画不好。就这样，一连画了几张纸，线条都是很粗，然后迅速洇开来，黑乎乎一片。

一点儿也不好看！他嘟着小嘴，有些扫兴，不想再画了。

咱们再画一张，这回，爷爷把着你手画好不好？说着，我把着他的小手，在宣纸上又画了一张，主要是让他下笔还要再轻一点儿，不要使那么大的劲儿，它不是油画棒，你怎么用力都不会把纸弄坏，顶多是颜色深一些。蘸好了墨汁的毛笔不一样，墨汁里有水，就容易洇。下笔轻一点儿，快一点儿，这样，笔下出来的线条就不会那么粗壮，容易洇黑成一团。

这回是不是好多了？我问他。

他点点头。宣纸上的线条柔和了好多，也细了好多，更主要的是没有洇成一团黑。

我对他说：咱们再试一次好不好？这回，爷爷不把着你的手了，你自己画，看看行不行？

他点点头，想试试。

我用报纸把毛笔头裹了起来，使劲按按笔尖，墨汁从报纸里渗了出来。刚才，在涮笔的时候，没有把笔尖上的水拧干，墨汁刚倒进砚台里，我怕太浓，怕他拉不开笔，又往砚台里面兑了一点儿水。我想，水分多了，就容易洇，孩子初学用毛笔画国画，还是先用浓墨，干点儿，可能更合适。免得一上来，就洇成黑乎

花　得得（六岁）

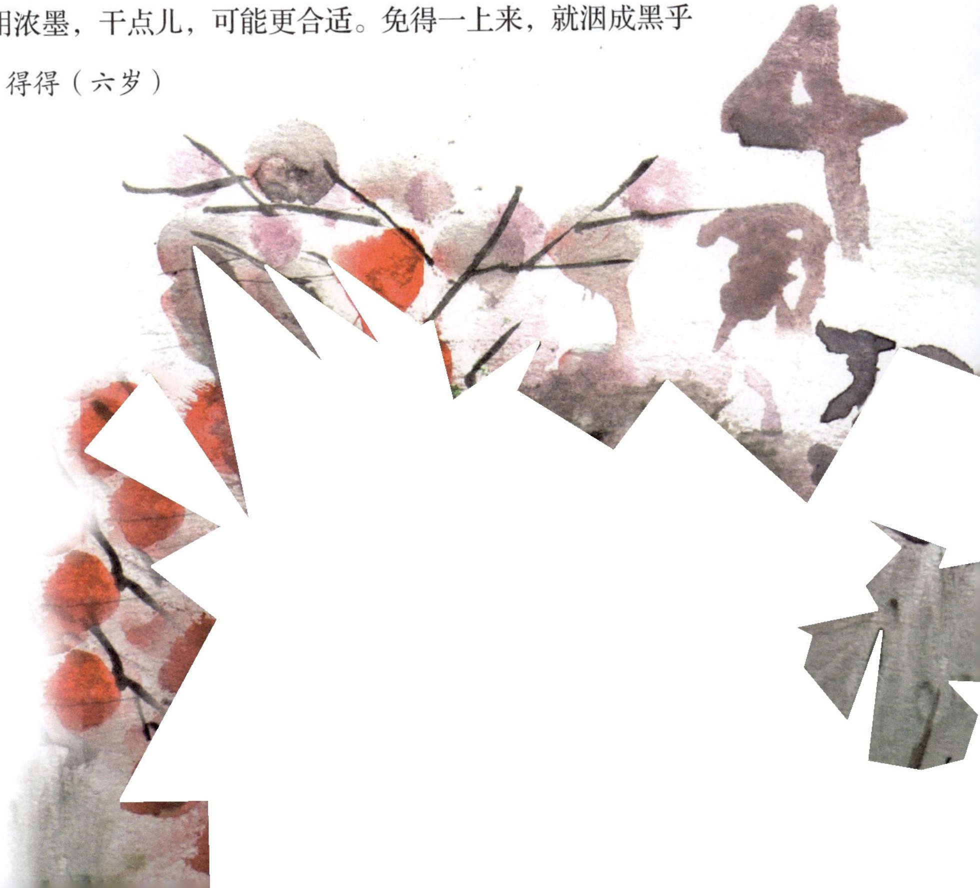

乎一团，影响情绪。用水醒墨，洇，晕染，那是以后的事情。是我刚才想得不周全，没有完全从孩子的角度考虑。这是孩子第一次拿毛笔学国画呀。

这一次，他画得不错，第一笔落在纸的最上方，还是有些重，成了一个黑黑的小圆点，这让他稍微停顿了一下。我忙说：没关系，没有洇，你接着画！他接着画了，往上面抖出一笔，成了一条弯曲的断线。由于都没有像前几次那样立刻洇成黑乎乎一团，对于他就是胜利，让他有了信心，也有了兴趣。

接下来，他的笔运得飞快，瞬间的工夫，龙飞凤舞，就在宣纸上完成了他的曲线篇。由于墨比较干，居然还出现了皴笔，让几道简单的墨线有了变化，完全是得来全不费工夫的意外收获。我告诉他哪儿是皴笔，什么叫皴笔，他很有些得意，为自己第一次画国画还能学会了皴笔而高兴。

我对他说：这回咱们把毛笔在清水里涮一涮，用淡墨在你画的这圈圈里涂一下，你看会不会有不一样的效果。

他把毛笔在清水里涮了涮，就要往纸上招呼，我忙叫住他：那可不行，你这样涂，立刻就会洇成一片。我用报纸帮他把笔拧干，在另外的纸上试试笔尖上剩下墨色的深浅，觉得合适了，把毛笔递给了他。他在他刚才画的那几笔圈圈里涂上了这淡墨，效果出现了，四周的浓墨线条，还外带几笔皴笔，包围着中间的淡墨色，像是田野里的田埂把庄稼围拢起来，也像是一圈堤坝围起了一湖水。又由于淡墨是他分了几次下笔，才把那圈圈填满，虽然都是淡墨，但一下有了深浅不一样的差别。还由于刚才他挥洒浓墨时随手在圈圈里带出两笔，一下子让中间的淡墨分割出几层，好像田野中间出现了两道田埂，也好像湖水中间出现了两座小桥，让整个画面有了层次感。

我对他说：怎么样，不错吧？

他也很高兴。虽然中国画里讲究墨分五色，他暂时还不懂。但是，简单的墨色，居然也可以有这样多的变化，和彩色一样，比彩色还要神奇，让他感到挺新鲜的。其实，我想，真正的老师或画家，如果教孩子学画国画，肯定不会是我这样笨拙的方法。但是，我也想，并不是非要孩子学会国画，而是让他知道画的画法是多种多样的，各有各的特点，各有各的妙趣，让他能够感到新鲜，感到兴趣，这就可以了。

鱼　高高（三岁半）

我又对他说：我帮你在这画上加一个小黑点儿，立刻能让这画又变得不一样，你信不信？

他说：你加！

我已经看好了，他画的那个圈圈的最下边是尖尖的，我在它上面一点点了一个小黑点儿，立刻变成了一条鱼。鱼！鱼的眼睛！他兴奋地叫了起来。

最有意思的是，鱼嘴的旁边，他的笔不知怎么多出了一个小小的三角，我让他用淡墨涂上，它就成了鱼鳍。而最开始他下的第一笔重了一些的黑点儿和粗了一些的曲线，居然完全成了鱼的尾巴，真的好像是有如天助。而且，由于线条弯曲流畅，那鱼尾巴简直像是在动呢。这让我们两人都兴奋了好一阵子。

我对他说：中国画必须得盖上图章，没有印章，不叫中国画。红红的印章一盖，黑字白纸红印，那才叫好看。

他摇摇头说：我没有印章呀，怎么办？

爷爷有呀！我找出一个胡杨木上刻印着一个单字“肖”的印章，盖在这幅画上。别说，有了这枚印章，还是真提气，锦上添花一般，让高高这第一幅国画，有了生气，让高高三岁半的那年夏天有了纪念的意义。

回到美国以后，高高基本没有画过国画。去年年初，他和弟弟和爸爸妈妈一起去加拿大，参观博物馆时，有让孩子亲手制作纸张的项目。两个孩子知道，纸张是中国人发明的，第一次参与纸张的制作，非常新奇。小哥俩一起，从最初废纸、烂草、干花等材料，泡进水里泡烂成纸浆，然后，用筛子过滤，晾干，最后压制成纸。每人可以将自己做的纸带走，这样的纸很粗糙，但很容易渗水，洇成一片，有我们中国宣纸的感觉。回到家，两个孩子在这样的纸上，用中国的笔墨画画，弟弟画了一匹小马，还有兔子、小鸟，哥哥画了蜗牛和蘑菇，很有些国画的效果。

蜗牛和蘑菇　高高（八岁）

去年夏天，孩子回北京的时候，看到爸爸小时候画的国画鹈鹕。我对高高说：这是你爸爸七岁半时候的画，现在你正好也七岁半，你敢不敢也画一张，看看能不能比爸爸画得更好？他立刻来了情绪，让我拿出纸张笔墨，立刻挥笔就画。看到他仿照着爸爸七岁半时候画的这幅鹈鹕，想起他三岁半时画的那幅鱼，在这两幅画之间，让人看到了时间的流逝，也看到了孩子的长大。

学爸爸七岁半时画的鹈鹕　高高（七岁半）

7. 和哥哥学着画火车

老二得得也是三岁开始学画画，和哥哥高高当年学画画的年龄一样。但是，他比哥哥进入状态要快，起步更好。因为在哥哥学画画的时候，他常常站在一旁看，有时候，还会像小猫一样跳上桌子，蹲在那儿，一动不动地看着哥哥画画。耳濡目染，对于家庭教育的氛围很重要，尤其对于小孩子，家长就是他们最开始的榜样。对于得得，哥哥就是他的榜样。

记得高高最开始能够将画画成囫囵个儿的时候，最爱画火车。得得也跟着学画火车。这种火车，很好画，就是一个方块，下面加几个小圆圈，就是火车的车厢和车轮。一列火车，画多少列车厢，都是一样的方块和小圈圈的复制。最多在最前面的车头加一个长条作为烟囱，高高特别爱让烟囱冒出一串长长的浓烟。刚刚开始学会了阿

分别的火车　高高（四岁）

最早的火车　高高（三岁半）

拉伯数字和英文字母，他会在那一长串的浓烟两旁写上123…和AB…成为火车冒出的另外两种奇怪的烟。

那时候，我在美国，高高不去幼儿园的时候，我白天没事带他到小区的儿童乐园玩，小区的外面不远处的树林里常常有火车驰过，那是到纽约去的城际列车。轰隆隆的火车撞击铁轨的声音，是安静的小区里唯一的声音，让孩子竖起耳朵听，睁大了眼睛，寻找着火车驶动的方向。我有时会开玩笑对他说：高高，你以后可以坐着这列火车到北京去找爷爷！他会望着我，问：真的吗？

好长一段时间，哄孩子睡觉的时候，我常常唱一首儿歌，是根据电影《护士日记》里王丹凤唱的那首《小燕子》，自己胡乱瞎改的词：小少爷，小少爷，火车火车到哪里去？少爷说，我要去北京看爷爷……我总是开玩笑叫他们小少爷。他常常听着听着，搂着我就睡着了。

好长一段时间，高高画了好多火车，他要坐火车去北京看爷爷。去北京，是他的一个梦。

记得那时候指着他画的火车，我对高高说：光坐火车你是到不了北京的。

他问我为什么？

我说美国和中国之间隔着大海呢。

后来，他在一列火车的下面画了一道曲线，那是大海的波

夜晚的火车　高高（五岁）

长长的火车　高高（七岁）

弟弟的火车　得得（四岁半）

浪，水下面有鱼和乌龟。他的火车可以凭空跨过大海了。这就是孩子的思维，和大人不一样。

跨过大海　高高（七岁）

那年，我要从美国回国之前，我买了一个小小的油画框钉着的油画布，让他在上面画了一列火车，想在我临走的时候带回北京，留一个想念他的纪念。可惜，那时我不懂孩子用普通的水彩笔画在这种油画布上，颜色是不能持久的，还没等我回国呢，油画布上的火车已经褪色了。我好后悔，还不如用油画棒在上面画呢。

那时候，高高差一个月四岁。如今，四年多过去了，那幅褪色的油画还挂在墙上，逝去的日子和孩子的童年，便还留存在那里。

得得最开始画画的时候，学着哥哥也画了好多火车，这时候，他和哥哥当年画火车时的年龄一般大。他也学着哥哥，让火车头喷出一长串的浓烟，让天上有小鸟追着火车在飞，让海里有鱼儿在游。

后来，得得的画画水平提高了之后，火车画得有模有样。由火车连带各种各样的车，他都爱画。爸爸给他和哥哥买过一本各种车辆的画册，他们一起照着画册画了好多车，火车带着他们一路旅行，教会他们认识了好多车。

得得还学着哥哥画过的一张画，从车厢每一个车窗里探出了一个小动物的脑袋，他画了猪、大象、兔子、熊猫、狮子五种动物，从五个车窗里探出头；天空中还有一个红红的太阳和两只追着车飞的小鸟。他比哥哥画得要好。

那些火车，带有孩子的想象，也带有孩子的心情。在孩子最初的画画中，这样两点是最重要的，是可遇而不可得的。缺少了孩子自己的心情，画很容易单调苦涩，缺少生气。没有想象，则彻底失去了儿童画最基本的要素，儿童画之所以可爱，就在于孩子们的想象力，天生比我们大人要丰富，要天真，要可爱。

动物车厢　得得（四岁）

有时候，我也会想，两个孩子，比一个孩子

火车和轮船　得得（五岁半）

好带。尽管两个调皮的孩子在一起常会打打闹闹，厮缠一起，容易分心走神，常常容易让大人按下葫芦起了瓢，甚至着急上火，难以管理。但是，两个孩子在一起，也会相互促进，彼此相帮，无形中有着学习、玩耍、打闹中建立起来的天然纽带和对应的关系，比独生子女要更适合孩子健康快乐地成长。

cab
bus
Ah!

火车、汽车和轮船　高高（七岁）

高高和得得画的车子很有趣吧？你也来动动手，给这些车子涂涂色吧！

8. 毕加索图画本

得得三岁刚过，爸爸妈妈到法国工作半年，带着兴奋和新奇，他和哥哥跟着爸爸妈妈一起来到法国，进入了只说法语根本不说汉语和英语的幼儿园，接触的完全是一个陌生的环境。无疑，对他们两人都是一个考验。绘画，是不用翻译所有孩子都懂得的语言；画画的爱好，也是不分国家民族和肤色所有孩子都喜欢的方式。在色彩的天地里，孩子们很快就打成一片，远比我们大人要快捷。

彩房子　高高（五岁半）

放假的时候，爸爸妈妈带他们到外面玩，他们几乎跑遍了法国，还跟着爸爸妈妈去了一趟德国。在巴黎，参观毕加索美术馆，爸爸妈妈给他们每人买了一本封面上印着毕加索的画的图画本，让他们在旅途的路上别忘记了画画。

孩子的玩心都大，相比较在海边疯跑，坐缆车爬雪山，在游乐园里大呼小叫，画画会常被遗忘。这很正常，哪

香水瓶　高高（五岁半）

香水瓶　得得（三岁半）

阳光　高高（五岁半）

个孩子不是这样呢？尤其是来到了一个陌生的国度，完全不同的环境，孩子当然会像撒开了缰绳的小马驹一样，尽情得忘乎所以。他们沿途画得不多，但还是能坚持画了一些。当然，这都是爸爸妈妈督促的结果。看孩子趴在古城堡上画画的照片，背后是群山绵延，眼前是古城风光，开春料峭的风吹动着孩子手中的画本，心想，不管画得好坏，童年有画陪伴，还是件美好的事情。

沿途的这些画，都是弟弟跟哥哥学着画的。哥哥画什么，他照葫芦画瓢，跟着也画什么。看这时候得得的画，非常有趣，哥哥的影子几乎无所不在。

哥哥画了一组香水瓶子，他也画了香水瓶子。哥哥画了五个，用油画棒在瓶子上涂了不同的颜色，他也用油画棒在瓶子上涂了不同的颜色，只是他比哥哥少画了两个瓶子。但是，他画的瓶子造型和哥哥的不一样，歪歪扭扭的造型，很奇特，很好看，更充满童趣。这可是他自己观察的结果，虽然，瓶子少了两个，却是他挺得意的地方。

哥哥画了一个金黄色的大太阳，太阳下面站着一个小人，开着一朵红花，长着一棵绿树。他也画了一个金黄色的大太阳，太阳底下也站着一个小人，只是这个小人不是哥哥画的那种金发姑娘，而是一个光头的男孩。他也想画一朵花和一棵树，可惜没有画好，画成了一团紫色，代替了花和大树。但是，他画的太阳，比哥哥的要好，柠檬黄外面满满的深黄色，像是太阳金光四射，饱满得像要炸裂。

从法国回来，他们先到北京，小哥俩拿出他们各自的毕加索的图画本让我看，我很高兴他们在玩中没有完全忘记画画。他们画得不错，是看到了旅途中的景物画的，而且，弟弟向哥哥学习，又有自己的想法，不想成为哥哥的“跟屁虫”，多好啊！真好！我大大地夸奖了他们小哥俩。

得得的画本的第一页是一幅没有完成的画。他说没有画好。我问他想画的是什么？他告诉我，天上有个太阳，路上走着两个人，路边是草地和绿树。这是他和哥哥每天上幼儿园路上的情景。我说你画得挺好的。他说，太阳没有画圆，花画得不像，树也不像。我说，太阳为什么非得都是圆的呢？被云彩遮住的太阳，是圆的吗？干吗非要那么像呢？你看你说画得不像，但是爷爷看出来你画的是花是树，我相信别人看了也觉得那路边画的，就是花，就是树。

他显现出高兴的样子。

我又对他说：要说没有画好，是路上走的这两个人没有完全画好。你画的前面走的那个人是女的吧？是妈妈吗？后面走的

阳光　得得（三岁半）

北京　得得（三岁半）

那个人是男的吧？是爸爸吗？

他点点头。

因为前面的女的涂的都是颜色，而且，用的黄色，让人看不清楚。后面的男的，你看看，你还用黑色画出了他脚上穿的鞋，画得挺好的。就是上身没有了胳膊，光有身子和脑袋，还都画的是方块，两条腿也都是长方块，这个人就像机器人似的，而且还是个隐身人，你说是不是？

他又点点头。

你看，爷爷帮你加两笔好不好？

他说好。

我在男的身上加了两条胳膊，上身涂上了红色，腿和脑袋涂上蓝色；又在女的手脚和头发的部位，加了点儿绿色。其他都没有动，整幅画的画面上，一男一女的人实了起来，动了起来。得得高兴了起来。

在北京住了一个多月，高高要开学了，提前走了，得得要再住两个多月，我们再送他回美国。一下子，他要离开爸爸妈妈和哥哥了，独自一个人留下来跟着爷爷奶奶了，有些落寞。哥哥对他说：我三岁半的时候，也是一个人留在北京，跟着爷爷奶奶玩的，挺好的呢！

哥哥临离开北京前，把他的那本画满的毕加索图画本送给了我，对我说：你想我的时候，就看看我画的这些画。

弟弟学着哥哥的样子，把他的那本还没有画满的毕加索图画本送给了奶奶，对奶奶说：你想我的时候，就看看我画的这些画。

奶奶笑着对他说：哥哥走，你还不走呢！拿着这个本子，你还得接着画呢！

爸爸和妈妈　得得（三岁半）

和高高一样，得得单独和我们在北京多住了一段时间，这是孩子和我们隔辈人之间难得的相互了解和交流的机会。对于相隔万里的我们，这样的机会并不会常有，孩子随日子一起长大之后，匆忙的人生纷至沓来，就更难有这样的空闲和散漫。

和两年前高高在北京一样，在这段时间里，和得得一起学画画是我们生活中的必备内容之一。这给了我和孩子亲近的机会，

铅笔屑的树　得得（三岁半）

也给了我好为人师的机会。

以我粗浅的经验，教这种年龄孩子画画，画房子和动物，最容易入手。房子，基本上是由线条构成的，没有过多的复杂繁复，孩子容易学。动物，则是孩子都喜欢的，和孩子有着天然的情感联系。我说过，没有一个孩子不爱去动物园的，那里的动物都是孩子的朋友。

猪八戒吃西瓜　得得（三岁半）

和教高高一样，我和得得一起画了好多房子，各种各样的房子。房子旁边，有一棵树，有几朵花，有一片草，天空有一个太阳，有几只鸟，再有一个小人，便是这种画的标配。我给得得买了一本画画用的大本子，在本子的第一页上，他画的就是这样一排房子，是楼房，那是北京留给他最直观的印象。

他画的最有意思的房子，是房子旁边的树的树叶，是奶奶帮他削铅笔，留下的扇面形的铅笔屑；而旁边的小人手里牵着一个风筝，是哥哥没有画过的；草地上应该要有几匹马和几头羊的，但是，他不会画，就用刚学会的“马”和“羊”字代替，也算是别出心裁。

画完房子，开始画动物。教高高就是这么画，教得得便显得轻车熟路。他学得很快，一点儿不逊于哥哥。

不过，在所有的动物中，他似乎对猪这个造型更情有独钟。这大概由于我给他和哥哥讲过美国作家怀特的《夏洛的网》的故事，那头叫做韦伯的猪给他留下了深深的印象，让他很喜欢猪这

猪八戒吃西瓜　高高（五岁半）

样可爱的形象；我还给他和哥哥讲过我国童话作家包蕾的《猪八戒吃西瓜》的故事，那里面那头忍不住把留给猴哥的西瓜吃掉的猪八戒，实在是太馋了，让他忍俊不禁，不止一次让我讲完之后再讲一遍。他在北京正值夏季，吃西瓜是经常的事情，小馋猫一样吃不够地吃，便很容易联想起一样馋嘴的猪八戒吃西瓜的故事。

孩子的画，最开始的阶段和童话的关系最为密切。即便画的房子、树木花草、太阳月亮，也都具有童话的色彩，所以，孩子画的太阳常常在笑。偶尔孩子也会画自己的父母，但那不是真实生活中的父母，而是属于童话世界里的。

有一天，我对他说：咱们今天画猪八戒吃西瓜吧！很中他的意，他画得兴致勃勃。

我先教他画西瓜，一块三角形的西瓜，瓤涂成红色，皮涂成绿色，再在红瓤上点几个黑点，就行了。很好画，比画猪八戒要容易，先从容易开始，孩子好接受，而且有兴趣。

猪八戒，稍微复杂一点儿。主要画两个蒲扇一样的大耳朵，实际上就是两个半圆夹着中间一个圆形的脑袋就可以了。然后，画两个小黑点，是眼睛；画一个四方块，中间再点两个点，就是鼻子，下面画一个月牙，就是嘴巴了。

他一口气连画两张，噌噌的，下笔很快，一气呵成，就画完了。

我拿出哥哥以前画过的猪八戒吃西瓜的画，让他看，他看了看，哥哥和他画的不大一样。猪八戒吃西瓜的时候，吐出红红的舌头舔着嘴唇，以示它的馋；满脸留下了汗珠子，因为它头顶着一个正在喷火的热太阳；太阳公公歪着嘴，正瞅着它偷偷地笑呢。

孙悟空　得得（三岁半）

他知道自己画的不如哥哥，接着又画了一张。这个猪八戒，画得有意思，长着两个大象一样粗壮的腿，正站在草地上，两只小眼睛上多画了两个圆圈，像是戴着一副眼镜，正弓着腰看着，又像是要去拿地上的一块西瓜吃。可是，它的身子太笨重了，腿也实在有些太长，要想弯下身子够着那块西瓜，还真有点儿不大容易呢。绿色的曲线代表着草地，星星点点的彩色小点点，代表着各种颜色的鲜花，衬托着这个猪八戒的馋样。用这样的方式表示出来，和哥哥画的不一样了。

别看比哥哥小两岁多呢，心里不服气。小哥俩，不仅是画画，干什么都不服输，都是争强好胜的主儿。

10. 五彩鱼和月亮船

以我和孩子一起学画画的经历总结，孩子最初学画画，我是以树和花、房子和动物、鱼和船，这样三组，分头前进，一般孩子都比较容易接受，而且，容易入手。

前面，我说了画房子和动物。树和花，比房子和动物还要好画。一般，孩子只要会画狮子，就会画花，因为花就是狮子的变种，同样是一个圆圈，这个圈圈要小一些；同样是在圆圈四周画曲线，这些曲线不要那么密；狮子的眼睛鼻子和嘴不要画，改在中间画一个小圈圈，就是花蕊。一切都大功告成了。树就更好画了，树干是两条直线，不直更好，没有什么树的树干是拿尺子比着长那么直的；树叶一律不画，只要在树干的上部画一个大三角，或一个大圈圈，或随便画成什么形状都可以，都是茂密的树叶。

五彩鱼　得得（三岁半）

鱼和船这一组，一般放在前两组后面画，效果会更好些。有了前两组的经验，画鱼和船，会更容易，也更有乐趣。都是由线条构成，鱼是由两条半月形的线条组成，两条线前面交叉的尖尖的部分，画一道竖线，点上一个眼睛，就是鱼头；两条线后面分叉的部分，用竖线连接起来，就是鱼尾；只要这样五笔，鱼基本就成形了。再在上下画一个小三角形作为鱼鳍，鱼就更完整了。

五彩船　得得（三岁半）

如果再在鱼嘴上面画几个小小的圆点，便是鱼吐出的泡泡，这条鱼就显得更生动了。一般孩子都愿意让鱼吐出这些小泡泡，你让他们在这些小泡泡中间涂上不同的颜色，他们会非常高兴地涂上自己想要的各种鲜艳的颜色。

如果你让孩子再在鱼的身子上分隔几大块，每一块涂上不同的颜色，孩子会更加开心，这样随便涂抹在鱼身子上的鲜艳色彩，比鱼嘴里吐出的彩色泡泡要更明亮显眼，让这条鱼瞬间变成了一条童话里的鱼，振鳍掉尾地向你游过来。高高三岁多的时候，我第一次教他画这种童话里的彩色鱼，他画得不错，画得很来精神头儿。

弟弟跟着哥哥也画了好多这种童话里的彩色鱼，比哥哥画的品种更是花样迭出，神态十足。扁形的，圆形的，长方形的，连里面的鱼刺都画了出来，十分像那些漂亮的热带鱼。画鱼给他带

“JAKE”号　得得（三岁半）

来了乐趣，后来，他随手先画很多弯弯的曲线，然后将这些曲线连接起来，再点上不同的颜色，便像成群结队的鱼游了过来，很有些阵势呢。那些由开始乱七八糟的曲线飞快变成了汹涌澎湃的鱼群，就像魔术师从口袋里源源不断地变出的一条条活蹦乱跳的鱼，让他自己很是得意。

船和鱼连在一起画，不仅在于鱼翔水底，船行水上，两者和水密切相关，画的鱼和船在同一个画面，自然而妥帖，孩子容易接受并喜欢。还在于，鱼和船的线条基本相似，一般画船，先不要画复杂的，而是画那种西瓜船，半月形的线条和鱼基本一致，只不过，鱼是由两条半月形的线条组成，所以，船应该比鱼还要好画。在船的中间再画一个大大的斜三角形，便是船帆。在船帆上涂上红色，就是红帆船；涂上蓝色，就是蓝帆船；涂上几种不同的颜色，就是五彩船。和画的那些童话里的鱼一样，也成为童话船。这是孩子最想画的。

三岁半的得得在北京的时候，画了好几只这样色彩繁多的童话船，他还专门画一个叫“JAKE”号的蓝帆船。这对于他不难，又有乐趣，干吗不画呢？

那天，去颐和园，带着他从十七孔桥乘船到佛香阁，坐的是那种金碧辉煌的大龙船，船头有硕大无比的龙头，船尾船舱都有

我开船　得得（三岁半）

很多金碧辉煌的装饰，船顶还画着绿色的琉璃瓦。他是第一次坐这样的大龙船，我告诉他我也是第一次坐。

回到家，我对他说：你画画咱们今天坐的大龙船好不好？以前，这可是只有皇帝才能够坐的呢！他很感兴趣，立刻坐下来就画。还是西瓜船的形状，多了上下两层的船顶，多了几个圆圆的柱子，水中游着几条吐泡泡的鱼，天上飞着一只小鸟，飘着一个太阳。没有忘记，最后在船头上画上了一个伸开双臂像欢呼一样的小孩，不用说，就是他自己了。

童话的鱼　得得（三岁半）

我夸奖了他：画得真好！

大龙船　得得（三岁半）

11. 弟弟爱画有故事的画

都是年龄差不多大的孩子，但每个孩子的性情不一样，爱好不一样，想法不一样，即便你教的是同样的方法，他们画出的画也会不完全一样。高高和得得就是这样。

得得那时候特别爱画小人。因为人是最难画的，我没有教过他画小人，不知道他的小人是从哪里学来的，或许是从童话书里学到的，或许是从简笔画里学到的。他画的小人，特别有意思，都是大脑袋，女的头上顶着一圈黑发，或者戴着帽子，男的头上竖着几根头发，或者索性光头；中间圆圆的或方方的是身子；两条腿，两只胳膊，就是简单的四根线，腿上和胳膊上，各画一个大圆圈，代表着脚和手，很多时候，还会在手的圆圈上再画五个道道，算是五个手指。我笑他这五个大手指和这个圆，像是拳击运动员戴着的手套。他说好玩！

比比谁高　得得（四岁半）

有了人物的出现，让画面一下

子多了色彩，更多了叙事的情节性。在房子旁边，他画了一个小女孩；草地上，他画了一个戴帽子的小孩；小河边，他又画了一个戴帽子的小孩和身边的乌龟猴子一起跳舞；坐在宇宙飞船上的小人；坐在他的西瓜船飞向银河的小人；和楼房比试谁高的小人（哥哥画过一张自己和长颈鹿比试谁高的画）……

每一个小人，都有他自己的故事。只要你让他讲，他都能够给你煞有其事地讲出他自己编的故事。尽管都是瞎编的故事，但也是属于他自己的故事。那些简单线条组成的如同皮影戏里的小人，便一下子生动活泼了起来。画画带给他的乐趣，让他独自一人时自说自话，自娱自乐，不再只是机械地画一些房子呀树呀花呀那么的单调。

比比谁高　高高（六岁半）

他画的最有意思的，是这样三幅小人的画。

一幅是《和平》。那一年夏天，在中国正召开世界和平大会，电视报道很多关于大会的情况。得得正在北京，在电视里看到了，很是热闹，很多鸽子飞翔在空中；在公园里也看到了，很多气球荡漾在空中。

我对他说：你看你来得多是时候，赶上了世界和平大会，你画张画给你爸爸妈妈和哥哥发过去看看，多好！

和平　得得（三岁半）

他问我：画什么呢？

我说：你刚才在电视里看见了吧？和平鸽和气球多不多？你就画鸽子和气球，它们就代表着和平。你不是在巴黎参观过毕加索美术馆吗？毕加索就为世界和平画过鸽子。

他点点头说：好！

对于他，这并不难，鸽子和气球，都画过。

我说：你先不着急画。你不能只画一只鸽子和一个气球完事，那就太简单了……

没等我说完，他问我：那你说我画什么？

我说：气球你得多画点儿，你看电视里那些气球多多呀，不是一个人放飞到天上去的气球呀。鸽子嘴里你让它叼着“和平”两个字，它就不是一只普通的鸽子，而是一只和平鸽了。你说对不对？

他明白了，开始画了。他先画气球，一个又一个的圆圈，大大小小的套在一起，挤在一起，像一群奔跑着拥挤在一起的小孩子，兴致勃勃地要去看一场什么精彩的演出。

我对他说：圆圈不怕乱，随便画，但越到下面要越小，别画成上下一边齐。这样才好看。

他在纸的右侧画上了一只鸽子，嘴里衔着一面锦旗，上面写着“和平”，画纸的左侧，又画了一只小鸟，张开小嘴，冲着鸽子在叫。

这没让我感到意外，左右对称的两只小鸟，让彼此有了呼应，让画面生动了起来。让我没有想到的是，他在画的最下面画了一片绿草地，在草地上画了两个小人——他最拿手的小人，一男一女，伸开双臂，像在跳跃，也像在欢呼。整幅画立刻生机盎然，有了孩子庆祝世界和平大会召开的意思在了，也有了孩子对世界和平的向往的态度在了。

另一幅是《刻舟求剑》。那时候，他天天磨我给他讲故事，我刚给他讲完刻舟求剑的故事。宝剑掉进水里了，船都已经开走老远，那个人还在刚才宝剑落水处的船帮上刻个记号，这时候下水能找到宝剑吗？我问他。他摇头说：傻不傻呀？

他觉得这个故事特别有意思，磨着我再讲一遍。一连讲了好几遍，他画了这幅画。他愿意画这样有故事的画，他觉得不难，因为，船，他画过；人，更是他拿手他爱画的。唯一的是宝剑，他没有画过，让我教他画宝剑。

很快，他就画完了。拿过画来让我看，信心满满地等待着我的表扬。

画的真是挺好玩的。船，是以前画过的西瓜船，竖着一个粉色的船帆；天空中，一边是一个血红的大太阳，一边是一只粉

刻舟求剑　得得（三岁半）

色的大鸟，都是以前画过不知多少遍的太阳和小鸟；两个小人，一个站着，望着水面，像是在寻找着刚才落水的宝剑；一个人蹲着，手扶着船帮，像是刚刚在船帮上刻上了记号；一把红色的宝剑竖立着，好像还正在水中往下沉。左右各有一条鱼吐着泡泡，朝着宝剑游过来，好像非常好奇，没有见过水里有这样一个怪物呀。

只是那个宝剑画得硕大，而且，不像宝剑，像把匕首。

不过，没关系，整幅画画得挺有意思的，是他心目中的刻舟求剑的故事。

第三幅是他画的《狐假虎威》。也是听我给他讲完了《狐假虎威》这个寓言故事后画的。我发现，我国的寓言故事，言简意赅，人物和场面集中，画面感很强，特别适合小孩子画画。

他画的这个《狐假虎威》特别有趣。戴着老虎面具的狐狸像人，尽管他给它后面加了一条长尾巴，那个老虎画得像个狮子，而且还是个慈眉善目的狮子，笑嘻嘻的，一点儿都不威严可怕。穿着绿衣服，伸着双色腿，摆动着橙黄色手臂的狮子，脑袋旁边，还飘着一个红色的太阳，又有点儿像马戏团里的小丑。它的后面站着的人，穿着长袍，戴着顶棕色皇冠，双臂像断臂维纳斯似的，端着肩膀，看着这头怪模怪样的狮子。

我问他：这人是谁呀？

他告诉我：这是国王呀！你都看不出来？

我又问他：为什么要在那头狮子的脑袋旁边画一朵云彩呀？

他告诉我：那不是狮子，是狐狸好不好！狐狸装成狮子，以为自己就是狮子了呢，走路都像是在天上走了呗，这你都看不出来？

小孩子有自己的心思，对你给他讲过的故事，有他自己的解读方式。对于一个孩子，他能够把听到的故事变成了画面，实际上是从听觉到视觉的一种转换，无论孩子的画画得如何，都会是这种转换从他的脑子里迅速变化的。这是锻炼孩子的思维转换能力和想象力的一种有意思的方式。

在这样的转换之中，得得心目中的“狐假虎威”，一下子就变成了“狐假狮威”，一下子狐狸就跑到天上去了。如果，让他

狐假虎威　得得（三岁半）

把这个故事讲给别的小朋友听，他会照着他画的这幅画讲得更加绘声绘色。他讲故事，和他画画一样，总会加进一些他自己的东西，不会完全和原来的故事一模一样。而且，每一次讲的故事，每一次都会不一样。

小孩子的画画，小孩子的故事，和小孩子的心思一样，都是瞬息万变的，就像罗曼·罗兰曾经说过的那样：孩子的世界是一个每时每刻都在变化着的星云。

12. 哥哥怎样画故事

孩子的小时候，是伴随着故事长大的。在认字之前，尤其在升入小学之前，是听爸爸妈妈爷爷奶奶讲故事，度过每一天的。特别是在晚上睡觉之前，没有一个小孩子不磨着大人讲故事，在故事中渐渐入睡的。

我和两个孩子在一起的时候，最爱听童话故事。之后，他们长大了一些，最爱听我讲水浒的故事，其次，爱听中国成语故事。那些线条明快爽朗简短有力的成语故事里，有人物，有情节，有道理，真的是中国文化的瑰宝。就像得得画的“刻舟求剑”“狐假虎威”一样，哥哥高高也曾经画了“盲人摸象”“龟兔赛跑”的成语故事的画。孩子之间，相互模仿中，相互学习，也相互竞争，内心里有股子不服气，都希望争第一。这就是两个孩子比独生子女要好的地方了，在成长的过程中，避免了好多短板，而更好带一些。

皇帝的新衣　高高（七岁）

高高画的成语故事，和弟弟不大一样，他有自己对故事的认

盲人摸象　高高（六岁半）

识和解读。画“盲人摸象”的时候，他说他不会画大象，我帮他找来别人画的大象给他看，在绘画本的图书中，大象的图有很多。他相中了一幅相对简单的，类似简笔画的那种，而且，是侧身，大象的轮廓一目了然，比起正面的大象，侧面线条简单，容易掌握，几笔就可以画出大象的形状来。他只是夸张了大象的那个蒲扇一样的大耳朵，让这头大象显得更加憨态可掬。

盲人，比较难画，让盲人摸象这样带有动作性的人物，就更难画。比起画象，他有些为难。我说你随便画，画个人就可以，不必非得让这个人去真的摸象。他在大象的屁股下面，画了一个大方块，我不明白他这是要画什么；紧接着，他在方块上面画了一个小圆圈，我明白了，他是画人呢。然后，他在大象那粗粗的大腿根处画了一个箭头，意思是这个人刚刚摸了大象的这个地方了。他还挺会想的，把一个挺难的动作符号化了。对于孩子画，一定不要苛求，非得按照我们大人的意思去完成，像与不像，都不是主要的，主要的是他把意思表达了，画完了之后，他挺高兴的，这就行了。

我夸奖了他：你画的这个“盲人摸象”最有意思，别人画不出来！

他画的“狮子王”，是看完电影《狮子王》后画的。那头狮子王，一样的温柔可爱。

他画的“皇帝的新衣”，也别具一格。皇帝是穿着漂亮的衣服，手持星星手杖，站在城堡的顶上，显示出耀武扬威的劲头儿。城堡是由简单的线条画成，一扇城门紧关着，好像不许外人进来，那个曾经天真而大胆指认他没穿衣服的小孩，大概也没有进来。这个皇帝，还真的挺好玩的，挺可爱的呢。

他画的“龟兔赛跑”，乌龟和兔子更是可爱。倚在树旁的兔子，还在挠头，看着前边的乌龟，倚靠的树居然是南方的棕榈

狮子王　高高（六岁半）

树，那是我刚刚教他的，他现兑现卖就用在这里了，算是活学活用吧。我格外夸奖了他，画画需要借鉴，从别人那里学的东西，用在自己这里来，过去，管这叫做“偷艺”。你东学一点儿，西学一点儿，学得多了，方法自然就多了，画就容易画了，也就容易画好了。

他以前画过好多只乌龟，都是真的乌龟，这回是拟人化的乌龟，不过，龟壳龟背的画法难不倒他，而且，因为有很多版本的“龟兔赛跑”的画本可以参考，龟兔很容易借鉴。我对他说，不怕模仿。比着样子画，就是小孩子学习画画的最初的方法。就是再大的画家，也会走临摹这一道门槛的。

龟兔赛跑　高高（七岁）

他画得不错。前边的小红旗，就是终点，脚下的草地还是斜坡，头上飞的两只鸟，画得那么大，我对他说简直是神鸟了！他笑着说：乌龟是忍者神龟，鸟当然得是神鸟了！

他还画了不少只有他自己懂得的故事的画。

他画过一张小猫和蜜蜂的故事。半空中飞着一只蜜蜂，花朵上站着一只蜜蜂，一左一右对着一只橙色的小猫，你不知道这两只蜜蜂要干什么。地上的花草丛中，还爬着整整齐齐的一队小老鼠，你更不知道它们要干什么。小猫蓝色的眼睛，忧郁地望着它们，你同样不知道小猫在想什么。

他还画过一张会唱歌的树。太阳照着一棵大树，树上有一只没有翅膀和身子的小鸟，那是他没有画好，小鸟的脑袋和爪子都画大了，树枝子又提前画好了，没有翅膀和身子的地方了，就只好省略掉了，变成了一只怪鸟。

蜜蜂和猫　高高（七岁）

大树不仅会长着好多果子，还会长出好多音符，喷出去，漫天地飞舞。一只小鸟正冲着这些音符在飞。树下面的根很粗很多，你会以为这是一棵老树，他说因为根粗根多，所以才会长出音符。这是一棵会唱歌的树。

他编出的故事的逻辑，我弄不懂，但不妨碍我夸奖他画得不错，对他说：你可以尽情地瞎编你的故事。

其实，在画中编织故事，除了可以锻炼孩子的想象力，还可以锻炼孩子的表达能力。和孩子最初画的那些简单的画相比，这些画会显得复杂一些，甚至杂乱和零碎一些。不过，这说明孩子长大了一些，他顽强地想向人们表述他们曾经听过之后消化和改造了的故事，也表达对于好多事物他们自己的理解、认识和心情。画画，让孩子多了一种他们对生活表达的渠道和方式，也给了我们大人和他们沟通、交流、理解的一种渠道和方式。

在故事中交流、沟通和理解，要比在大道理的说教之中要容易得多，温馨得多。因此，在小孩子的画画中，增加一些故事性，哪怕是孩子自己瞎编的在大人看来逻辑不通的故事呢，都会增加孩子画画的乐趣，而且，比我们大人主观意图过于明确的画面所要体现的意义，尤其是比我们现在举办的很多儿童绘画比赛和展览所强调的基本都是我们大人设计的主题，要有益得多。

七岁的高高画的小乌龟好可爱，你也来给这只小乌龟涂涂色，让它变得更可爱吧！

13. 神奇的油画棒

那天，妈妈给两个孩子买来一盒油画棒。

说老实话，我不懂画画，见识有限，以前我没有见过油画棒。这种油画棒，有点儿像蜡笔，但比蜡笔的颗粒要粗，颜色要重，要浓艳。涂抹在纸上，厚厚一层，粗粝的感觉，是与以前用水彩笔、蜡笔和彩色铅笔的效果完全不同的。后者，像是在平常的天气里走道，油画棒一来，像是突然之间天空阳光爆裂，满地鲜花怒放，让人容易兴奋起来。

蒙古族　高高（五岁半）

两个孩子都喜欢这盒24色的油画棒。他们上幼儿园之后，我曾经拿着它试着画了一张画，还真的是色彩浓艳。

高高第一张用油画棒画的画，是画了一个穿着少数民族服装的女人，那服装有点儿像是蒙古族，一身绿色，四周带着黑白相间的花边，腰带是橙红的，衣襟是红黑相间，宽大的袖子中间有橙黄色的宽边装饰，这几点的颜色，让占据画面这一大片绿色生动了起来。在人的周围，他全部涂抹上鲜红色。油画棒的鲜红色，很是照眼，那红色，像是在滴滴地往下流淌。鲜红的颜色涂满了整幅画的背景，孩子特别喜欢。

稻草人　高高（五岁半）

他对我说：用这种油画棒涂背景的颜色，效果最好，比用水彩笔要好得多。

我问他：为什么？

他说：不为什么。你自己看看！

说着，他拿来前些天画的一幅画。那是一幅《稻草人》。戴着黄草帽、穿着鲜红衣服的稻草人，颜色很鲜艳，背景也都是用天蓝色、深蓝色和绿色几种颜色，涂得满满当当的。这是他得意的一幅画。那时候，他特别愿意用颜色把背景涂满，觉得效果不错。

他指着这幅《稻草人》，问我：你看看，是不是油画棒更厉害？这个稻草人要是用油画棒涂，肯定更好看！

别说，用油画棒画的，还真的是色彩浓艳逼人。油画棒适合画大色块，背景一色或几色的大色块，像是主角出场，先声夺人，先抖搂出来的一个鲜艳的大斗篷，效果确实比水彩笔、蜡笔和彩色铅笔要好。后几种笔的笔道不如油画棒的粗，涂抹出来的效果比较琐碎，很难形成一片。相比较之下，油画棒颇显大家气派呢。

城堡　高高（六岁）

我对他说：你要是拿这油画棒画你拿手的房子，颜色肯定更好看！

他问我：为

什么？

我说：你画的房子，都是一个个的方块，你要是用油画棒在这些不同的方块里面涂上不同的颜色，颜色肯定会更鲜艳夺目。油画棒更适合大色块！你试试看。

六岁生日　高高（六岁）

他试着画了几个房子，效果果然不错。在他六岁生日的那天，他画了一张房子的画，学习人家用几何图形的各种方块组合成的房子，道路也被两边的房子切割成了长方形。然后，他主要用黄色、蓝色、深紫色和玫瑰紫，加了一点儿灰色和橙色、红色，那房子真的很是鲜艳夺目。房子后面的天空用天蓝色和绿色涂抹，又画了一弯鲜红色的月牙，整幅画的色彩，像是堆积出来的，很跳。只有曾经的野兽派或离经叛道的高更，会这样大色块地肆意涂抹，孩子天然和那些我们不习惯的画家息息相通，尽管他根本不知道高更和野兽派是何等人也。他把这幅画送给了自己的生日，让这样色彩浓郁的油画棒和他一起庆祝六岁的生日。

弟弟也学着哥哥，用油画棒画了好多的画。他也学着哥哥画过房子，只是，他觉得并不满意，他的画比哥哥的要复杂，他更愿意只用油画棒涂抹背景，画面中间，他总会画很多细小的动物，比如，在一个红色的怪兽前面，他会画好多蚂蚁，往怪兽的鼻子上爬；比如，在蓝色的天空中，他画星星，画月牙，画飞翔的猫头鹰，但在天空下面，他会画好多小动物，再画一个能够着月亮的梯子，好像要让那些小动物顺着梯子爬到月亮上面去。再比如，地下的好几个洞里，他会画上一个小孩，画上一个不知道是什么的怪物，再画上好多小蚂蚁。他特别喜欢画蚂蚁，似乎那些蚂蚁更能够代表他的心思。他总是让他画的画能够讲出故事来。对于他，油画棒只适合涂抹大的背景，无法完成他琐屑复杂的故事。

鸟和鱼　得得（三岁半）

哥哥愿意用油画棒，这给他一种大刀阔斧的感觉，很觉得痛快。除了画房子，他还画过树。我对他说，你画树，一定要用大色块。我先用油画棒给他画了树，他照着我画的树的样子，将树叶连同树冠，一般是圆形，或是椭圆形，仿佛成为最适合盛放油画棒浓重颜色的容器，他很方便就用鲜艳的红色把它们灌满。大色块，很适合树，也很对他

房子　高高（七岁）

的胃口。我看得出，油画棒，不仅让画的颜色好看夺目，也让画变得简化，容易鲜艳起来。

油画棒的神奇效果，超过其他，我和孩子一样喜欢。我曾经想学习法国点彩派画家的画法，用油画棒画张画，看看是否可以更能发挥油画棒的作用。在这一点上，油画棒可能会更接近油画颜料的效果。我先自己用这种方法学着画了一幅风景，很简单，就是仿照着法国画家西尔斯的画，画了一棵树，树叶是用红和黄两种油画棒的点染；树下面是草地，用红黄绿三种油画棒点染。然后是天空和太阳，孩子都画过，无须点染，只用色块就可以。

学画西尔斯的树　高高（六岁）

我拿出我事先画好的这幅简单的风景画，让高高画。我告诉他：所谓点染，就是拿着油画棒像鸡啄米一样，在纸上一个点一个点地戳就可以了，点连成一片，就会出现意想不到的效果，并不难画。

但是，他画得有些勉强。一个点一个点地戳，将点连成一片，需要时间，需要耐心。高高是性子急的孩子，他有些不耐烦。尽管在我的催促下，他的这幅风景画得不错，不过，我看得出，他并不怎么喜欢这样用油画棒，他觉得这样有点儿像小媳妇用绣花针，油画棒不该是这样的用法，该大刀阔斧才是。

我也不再勉强他，用油画棒画了这样一幅我自以为是的点彩画后，没有让他再画第二幅。

14. 写生的乐趣

那天，高高一个人在家，我对他说：带上你的笔和画，咱们到外面画画去。

他问我：干吗要到外面画画去？

也是，以前，都是在屋里画画，你教他学，或者找来画册，对照上面的画学着画。似乎画画是从来都在屋子里就可以学

旧谷仓　高高（五岁半）

会的。

我对他说：爷爷今天带你写生去！

他问我：什么叫写生？

我说：你跟我去了就知道了。

他抱着笔和画本，跟我走出屋。那一年，他六岁。

社区有一个儿童乐园，我带他去了那里，儿童乐园的对面是一个废弃的旧谷仓。我想以前这里就是一片田野，城市化的进程中，和我们的城市一样，这里也让大片的田野变成了商品楼盘。和我们这里不大一样的是，保留下了这个谷仓，让农村的田园风光的遗存，存留到今天，让逝去的岁月留下一点儿回响。

旧谷仓被油饰一新，灰色的顶，红白相间的四周，在四周绿茵茵的草坪映衬下，很是醒目。正是秋天，暖阳高照，很是惬意。我对高高说：今天，咱们对着这个谷仓画谷仓，这就叫做写生。写生，就是对着真实的事物或人来画。我又故作神秘地对他说：写生，一般都是大人才能做到的，甚至是画家才能够做到的。你还是个小孩子，咱们也来像大人一样试试怎么样？

他一听，来了情绪。小孩子都想快点儿长大，成为大人。能够像大人一样做事，当然是他最乐意做的了。

他问我：咱们在哪儿写生呢？

我说：随便，你找什么地方都行，只要你面对着谷仓，画出它的样子就行。

他听我说完，撒腿就跑，一直跑到滑梯旁，噌噌地爬了上去。那是一个综合的游乐器械，几个不同式样的滑梯和爬竿、攀岩等，由几个通道连在一起，中间的连接处，是一个小小的空场。他爬到了那里，那里对着谷仓，他可以居高临下，谷仓一览无余。

我也笨拙地爬到那里，好和他一起画。我告诉他：你要仔细观察谷仓，不光看它的颜色，还要看它的样子，哪儿高哪儿低，那个木门是什么样子的，那个仓顶是什么样子，又有几个窗户。你都要看好了，然后，你对着它的样子再画，不能急，不要几笔噌噌的好歹就画下来完事。知道了吗？

知道了。他拿起笔开始要画，却又停住笔，转过头来问我：这第一笔从哪儿画起好？

我说：从哪儿画起都行，你想从哪儿画起就从哪儿画！

他握着笔，又犹豫了，觉得对着实物，比对着画册上的画，要难。实物是立体的，画册上的画都是平面的，他一下子有点儿不知从哪儿下手。他转过头，又对我说：爷爷，你先把着我的手画一点儿好吗？

我把着他的小手，对照着谷仓，先画下它的仓顶和一边墙的直线。我对他说：下面的你自己画吧，就是这样对着它画，画成什么样都没有关系，都是你对这个谷仓的写生。

其实，对于孩子，写生就是个噱头，为的是引起他的兴趣。总憋在房间里画画，时间长了，容易腻烦。孩子都是喜新厌旧的，新鲜一点儿的东西，总会引起他的兴奋点。其次，也是为了让孩子注意观察生活中的事物，锻炼自己对事物的观察能力，不仅为了画画，即使不画画，从小培养这样的观察能力，对于一个孩子的学习与成长也是有益处的。

两年后，弟弟得得和高高一样大的年纪了。他到北京来，我带他到香山玩，在静宜斋里，沿着长廊，他兴致勃勃地跑上跑下，一泓池水里，有很多金鱼，成群结队地游来游去，像仪仗队的花车驰过一样，在阳光的辉映下，很是耀眼夺目。他蹲在池边看鱼，喂鱼，我坐在一旁，画对面的亭子。

玩够了，他走到我的身边，趴在我的跟前，看我画画，问我：画什么呢？

我告诉他：画对面的亭子呢，待会儿画完了，你看看像不像？

他趴在那里看我画完，也有几个游客看热闹，看我画完后说：画得还真挺像的。我问他：你看像吗？

他点点头说：像！然后，又说：爷爷，你教教我画行吗？

我说：好啊！

他拿出画本和笔，问我：先画哪儿？

我说：先画亭子呀。

香山　得得（四岁半）

他又问：我是说亭子先画哪儿？

我说：先从亭子的顶上画吧，不过，你要先看好了，亭子是什么样子的，亭子最主要的特点是什么，然后再画！

他一仰头说：我看好了，亭子的两头是翘翘的，尖尖的。

我又问：你看亭子有几根大红柱子？

他回答：我看见了，有四根。

其实，亭子的后面还有几根呢。不过，那需要透视才能画出立体感，他看到正面的四根柱子，就画四根好了，平面的好画一些。

他很快就画好了，画得基本是那个样子。只是临水的台子他画不好，我帮他在左右各添了一笔斜线，让亭子有了立体感。

我对他说：亭子中间还有一块匾呢，你怎么没有画呢？

他添上了一个平行四边形的方块，但里面的繁体字“静宜斋”三个字他既不认识，也不会写。我对他说：那就写“香山”两个字，你刚学过的。

水里的鱼，是他以前早画过的，他还多画了一只乌龟。这都是他的拿手好戏。

亭子背后的树，以前他也画过，对于他都不难。一幅亭子就这样画好了。几个游人围过来看，都夸奖他画得不错。得到了外人的表扬，他很高兴，觉得这样对着亭子画画，挺有意思。

我告诉他：这就叫做写生。哥哥也画过写生呢。

他睁大了眼睛：这就叫做写生？

在北京游玩的时候，小哥俩画过好几张写生的画。以前，我带他们到北京各处玩，玩完回家，我让他们把今天玩的地方画张画。开始，他们都总会说：我不会画呀！现在，他们的兴趣比以前大了许多。有些地方，是他们共同去过的，比如天安门、长城，只要你稍微教他们从什么地方开始画，主要画什么，他都能够照猫画虎，画出他们心目中的天安门和长城的样子。

天安门　得得（四岁半）

长城　得得（四岁半）

有时候，画之前，我会给他找一些别人画过的这些地方的画和拍过的照片给他看，让他参照着画。当然，这已经不是写生了，但是，因为有过写生的经历，他们觉得挺有意思的，觉得这是把在外面的写生延伸到家里来，新鲜的劲儿，还没有过去，由此带来的兴趣，还像火苗没有熄灭，画起来，兴致勃勃的。

我会将那些画和照片上的地方删去好多，只留下最简单的线条，我对他说：别画得那么复杂，越简单越好，你想画哪一点，就画哪一点。化繁为简，便是将复杂变得容易，孩子照葫芦画瓢，会便当一些。一复杂，就觉得难，孩子刚燃烧起来的兴趣，就会迅速熄灭。

弟弟画了天安门城楼，虽然不是完全的像，但涂上红墙，意思到了；他画北海，不愿意画白塔，画了一朵荷花，因为那时正是荷花盛开的时候，他觉得荷花比白塔好看，也比白塔好画。我让他好好观察照片上的荷花，那上面还有莲蓬，他画上了个绿色的莲蓬，黄黄的花蕊，荷花更好看了。

哥哥画过公园和动物园，画之前，我对他说：这个可有点儿难画，公园、动物园那么大，你怎么画呀。他还是画了，不过，已经不是写生，而是他的想象画。不过，也挺好的。动物园里，还有鸣禽馆，他特意画了一幅《十鸟图》，都是他想当然的动物

十鸟图　高高（五岁半）

园的一景。在德国的时候，到那里的动物园玩，看到墙上用木板钉着的动物图案，完全是几何图形构成，特别的憨态可掬，他照着画了一个蓝色大象和一头红色的牛。

动物园　高高（五岁半）

北京冬天很少下雪。回到美国，冬天下的雪非常大，也是小哥俩最开心的时候，打雪仗、堆雪人，和雪亲密的玩法与我小时候没什么两样。在家后面的露台上，他们俩堆砌了一个大大的雪人。我对他们说：你们玩完之后，每人画一幅雪人的写生画好不好？

雪人　高高（六岁）

他们画的雪人，更不是什么写生了，纯粹是漫画，是他们想象中的雪人。哥哥画了一个大雪人，还画了一个小雪人，像他们小哥俩。弟弟只画了一个，但是，和哥哥的雪人是白的不一样，他画的雪人是橙红色的，还戴着一副小墨镜，真酷！

雪人　得得（四岁）

15. 不去模仿成人画

很多孩子自己画画的时候，愿意找出他们从图书馆里借来的儿童绘图本，大都是童话，里面很多的插图，很富有儿童特点，孩子特别喜欢模仿着来画。高高和得得也是一样，每次爸爸妈妈带他们到图书馆里去借书的时候，他们会一边看书里面的故事内容，一边还要看书里面的插图画得对不对他们的心思。图书馆在市中心，每次爸爸妈妈带他们去的时候，一挑就是大半天，到晚上提着一大包书，满载而归。找出书中的图，趴在桌子上，模仿着来画，是孩子们的快乐时光。

这时候，家长最省心，因为，他们不用你管，自己照着画本画就是了。

弟弟画的城堡，很有些复杂，城堡是由一个个的小色块组成，那一个个的小色块，得涂上几种不同的颜色，还不能把颜色涂满，每个小色块之间，要留出一点儿缝隙，才会好看。一笔笔用水彩笔涂抹，需要耐心，需要细心，不留神，容易把颜色涂到色块的外面去了。他模仿画得真不错。城堡上面飞翔的猫头鹰，太阳里面的小人，则是他自己加上去的。这两样，他常画，可以说是手到擒来。

弟弟模仿的猫头鹰和青蛙也很有意思。猫头鹰的眼睛、翅膀

城堡　得得（五岁半）

和尾巴那些放射性的线条；趴在一片叶子上的青蛙背后，那一圈圈如同水中的波纹一样荡开来的渐渐变大的圆形，都是他以前没有画过的新方法。前者，让他觉得原来简单的直线画好了，居然还能有这样的效果。后者，让他觉得背景处理的方法原来可以有这样多种的方法。如果水面荡漾开来的波纹，像他以前画成一条条弯弯的曲线，就没有这样好看的效果。自己在画册上看到的和别人对他讲的，效果就会不同。这就像吃别人嚼过的馍和自己亲口尝过的馍滋味不同，道理是一样的。这便是模仿带给孩子的收获。

哥哥模仿马蒂斯画的两幅瓶花，都是浓艳的大色块，让他觉得是那样的熟悉；都是鲜红的颜色做地板，让整个房间都明朗了起来。一幅画里房间的背景墙是一大片藤黄色；另一幅画房间墙的背景，原来还可以用线条分隔来处理，样子就像妈妈买的格子床单。挂在墙上镜框里的小猪，是他自己画的了，这样的小猪，他轻车熟路画过好多了。

哥哥特别喜欢读德国漫画家卜劳恩的《父与子》，书里面那一对可爱又可笑的父与子，常常让他忍不住地发笑。他模仿的一幅，父与子的神态画得都非常的好，尤其是眼睛很有神。其实，

猫头鹰　得得（五岁半）

不过是两团黑色，但稍微露出的一点白，将眼神流露出来，是那么精彩。我对他说：你画得真好，爷爷我画不来。

父与子　高高（六岁半）

和弟弟一样，他也模仿画过一只青蛙，那只青蛙也是坐在一片叶子上（看来画家的画构思和画法也是大同小异），不过，那一片叶子和青蛙分别是深绿和浅绿

青蛙　得得（五岁半）

的颜色对比，让他觉得同一种绿色，深浅不同，放在一起也可以很好看。他在模仿的具体实践中认识了色彩，要比你单调地教他效果好得多。水中其他一切都是装饰性的，黑色的直线，在这里起到了重要的作用。而青蛙头顶飞着的三只苍蝇，被他简化了，一个黑点，两个黄点，虽然简单，却很明确，就是正在飞着的苍蝇。

长颈鹿　高高（六岁）

他模仿的长颈鹿最传神。前两年，他也画过长颈鹿，都没有画好，照着真实的长颈鹿，还真的不好画。这一次，他画的真是不错。当然，也是人家画本上画得好，从真实的长颈鹿中抽离出来最富有特点的部分，而把其余省略掉了。这或许就是绘画与照片的区别。艺术化的长颈鹿，不仅比真实的长颈鹿好画，而且好看。这其中的道理，他并不懂得，但他切实地感觉出来了。

弯曲的脖子，弯曲的四肢，都让这个长颈鹿活了起来，好像在动，在往前迈步。红色的鬃毛，红色的蹄子，浅黄色的身上，画着深绿色和橙黄色的小方块，都有些夸张，让长颈鹿的样子在像与不像之间，但比实际画长颈鹿，让孩子容易掌握。大小不一的方块，哪个孩子不会画呢？他画的长颈鹿获得大家的表扬，他一连又画了几幅长颈鹿，他爸爸喜欢，拿走一张，装在镜框里，挂在了办公室的墙上。

那天，爸爸拿回一本画册，是一位美国画家的作品集，一本书里画的全是火车，而且，那些火车全部都是钻山洞。他画的火车、铁轨和大山，线条都非常的干净爽朗，尤其是大山，只是一条条的弧线，便把群山连绵又高耸入云的感觉，几笔就简练地勾勒出来了。这样简单的线条，让大山和火车富于儿童特点，是孩子容易掌握的，更何况两个孩子一直都喜欢画火车，他们都很爱看这本画册。

山洞　高高（六岁半）

从这本画册里，我让他们一人找出一幅自己喜欢的画，分头模仿画了起来。毕竟哥哥大一些，他找的是一幅俯视角度的画，画出的那一列正要钻出山洞的火车和铁轨，

山洞　得得（四岁半）

更接近原画。由弧线构成的大山和由斜线构成的山洞，虽然弧线画得弯弯曲曲，斜线也不规整，但大山高高的感觉和山洞幽深的感觉，还是多少出来了。

弟弟别看小了两岁，一点儿也不甘示弱。他找的是一幅侧面平视的画，他找对了，这要比哥哥的稍微好画一些。已经驶出山洞的火车车头，是他以前画过的，他还是让车头喷吐出了浓烟。山的感觉没有完全画出来，但铁轨和铁轨下面的辅路，都画了出来。

孩子学习画画的时候模仿他人，是必要的一环。需要注意的是，除了马蒂斯少数画家的一些作品之外，孩子不要去模仿成人画。以前，我教高高用油画棒模仿西尔斯点彩派的风景画的失败，就是前车之鉴。成人画作，即便再好，和孩子的心理与想象相去甚远，模仿出来的效果，难免会生硬，即使勉强模仿出来了，也是成人的，不是孩子自己的。而且，长期模仿成人画，容易削足适履，会限制孩子的想象力，失去儿童画的特点，让孩子离儿童画越来越远。这就像什么年龄穿什么衣服的道理一样，让小孩子过早地穿上大人的衣服，是不合适的。儿童画中的成人化，常常是从模仿成人画开始的。

高高和得得大多的模仿，是儿童绘画本，那些画中的动物、房子、火车和人物，符合孩子的审美需求和心理特点，孩子模仿起来，就有兴趣，来情绪，同时，也会有效果。他们最喜欢的两本书，一本叫做*Mr. Postmouse's Rounds*，作者是加拿大画家Marianne Dubuc；另一本叫做*The Jungle Grapevine*，作者是美国画家Alex Beard。另外还有一本日本画家三沢厚彦的《水墨动物》，书中的老虎、犀牛，他们也很喜欢。这几本书有一个共同的特点，那就是所画的动物，造型简单，颜色鲜艳，充满童趣，很容易模仿。我看到，在以后很长一段时间，两个孩子都抱着这几本书，画不够地画。

猫头鹰　高高（七岁半）

模仿，不仅是一种学习，人家的画作就是学习最好的老师；还在于小哥俩在模仿之中相互比较，暗自较劲，带给他们别处品尝不出来的另一种比赛的快乐。如果孩子在模仿中能够获得快乐的感觉，那么说明，对于孩子，模仿也是一种绘画中的游戏。

我不在美国的时候，每周的视频中，重要的一项内容，是孩子们拿出他们新画的画，展示给我和奶奶看。视频，让千山万水的距离一下子缩短，看到孩子们进步，还是那么一如既往地喜欢画画，是我最开心的时候。

那天，弟弟展示了他新画的河马、犀牛、狮子、老虎、鹤、猫和老鼠……一页一页翻着他的画本给我和奶奶看，看得我们真的有点儿眼花缭乱，应接不暇。他画得真好，没有想到进步这么大，造型、线条和色彩，都干净利索，恰到好处。我忍不住连连夸奖他。

他爸爸对着手机说：不是他们自己画的。前些天，借了一本黄永玉专门画动物的书，他们都是模仿这本书画的。这本书，很适合孩子。

我说：模仿能画成这样也不简单了！说明模仿能够让他们进步得很快！

哥哥也模仿画了黄永玉的好多动物。他模仿的仙鹤叼蜈蚣、螃蟹、蜥蜴、蛇和老鼠、狐狸和青蛙、牛和鹦鹉，都很是生动可爱。

应该说，这一次的模仿黄永玉的回合中，弟弟画得实在是不错，和哥哥打了个平手。

16. 学习是必要的

模仿，当然也是一种学习。但是，和真正按照书本的规范，有步骤、有意识、有方法的学习，还是不完全一样的。前者，犹如盲人摸路；后者，则是找一个合手的拐杖。前者的学习，是凭着自己的感性经验；后者的学习，是踏在别人的肩膀之上，将别人的经验总结化为自己的实践。前者，孤舟独行；后者，是借水行船，便于加速，容易轻舟驶过万重山。

纸老虎　高高（七岁）

人类的学习，都经历过从模仿的感性学习，到书本经验总结后知识的理性学习这样不同的阶段。小孩子学画画，也是如此，必须经历这样的两个阶段。当然，做家长的，更需要明晰这样的两个阶段，首先是有意识地加强自己的学习，让这样两个阶段循序渐进，彼此交融和促进。

我和孩子一起学画画，没有任何的经验，也从来没有看过别人如何教授孩子学画画的书，完全凭照自己的想法做。自己的想法，视野有限，思路有限，是有主观性和局限性的，甚至是片面的，或者是错误的。尤其是如我这样没有经过一点专业方面的训练，这样的主观性和局限性，很容易限制孩子学画画的进步和拓展。

我看过孩子的爸爸借来的一本*MAKE A WORLD*。书还有

牛　得得（五岁半）

*MAKE A WORLD*封面

一个副标题“Learn to draw the Ed Emberley way”。Ed Emberley，是这本书的作者的名字。这本书就是他教孩子学习画画的。这本书，对我很有启发。他从汽车轮船火车飞机等交通工具到房屋灯塔风车等建筑，到大象狮子长颈鹿等陆地动物，到乌龟鳄鱼章鱼等水里动物，到空中飞翔的鸟，这样几大类，分别教孩子怎么画。每一种都拆解，从几步到十几步，从第一笔到最后一笔，每一笔如何画，都有图像画在那里，非常简洁、具体、直观，对于孩子，方便，好学。而且，所选择的物体和动物的造型，所拆解的这几步或十几步，删繁就简，都非常符合孩子的心理，是孩子喜欢的样子，能够接受的样子。这样的教与学，便在同一条线上，而不是那种高头讲章，让家长和孩子云里雾里找不到北。

我看到孩子画的好多房屋，好多动物，都是照这本书里学来的，比我教他们画的要好很多。

孩子回北京的时候，我给了他们一本介绍上海飞速发展的童书，那本书中的图画，都做成了立体折叠的，只要打开一页，这一页中的折叠压在书里的建筑，就会自动立起来。这样的童书，如今已经不新鲜，不过，孩子们还是很喜欢看。

回到美国之后，爸爸给他们借来了一本自己怎么做类似这样折叠立体画的书，孩子很感兴趣。因为他们看过这样的折叠立体画的效果，但是，他们不知道自己也能做出来。有了以前感性的铺垫，出现了这样一本书，人家教你怎么一步步地做小动物，怎么做房子，怎么做树和花朵，怎么做面具……真的是特别有意思。这样用折叠的方法，平地起雷一般，一下子让平面的纸突兀起来，立体了起来，有了另外完全不同的效果。这对于孩子，是非常有吸引力的。

学画犀牛　得得（五岁半）

我好长时间没有来美国了，看到他们和爸爸妈妈一起做的这些折叠立体的画，非常惊讶。真的是和画在本子上不一样，折叠出的立体感，再配以纸上画的配图，平面和立体交错在一起，有种舞台上童话剧的感觉。

大象的两个蒲扇般的大耳朵，平面贴在纸上，脸和长长的鼻子，却折叠成立体的，突突地挺立在外面。

大牛头的身子是画在平面的纸上的，牛头和两只牛角却是折叠出来的，连两只眼睛都是剪出后折叠成立体，凸出在外面的。

穿山甲的身子是画在纸上的，但它的头却是折叠出来的，眼睛是画好贴上去的，穿山甲像是威风凛凛地向你走了过来。

一条肥大的蜥蜴，身子剪成一圈圈，像奶奶做的蓑衣黄瓜，

大象的家　高高（七岁）

牛　高高（七岁）

娃娃鱼　高高（七岁）

小区的夜晚　高高（七岁）

城堡　得得（五岁）

折叠出来，硕大的脑袋，折叠出来，鼓鼓的，贴上两只黑眼珠子；四条腿，前两条剪成黄色，后两条剪成蓝色，真的像一摇一晃蹒跚地从水里面刚刚爬到岸上来的样子。

小区晚上的背景是一张黑纸，月亮是剪贴上去的，一幢幢的楼房，都是剪好了，前后不一地贴在硬纸板上，最后一排的楼顶上站着一只猫头鹰，是事先画好，剪下来，贴上去的。夜晚的小区像真的一样了。

……

特别是孩子用这种折叠剪贴的方法做成的两幢环形城堡，让我格外的惊奇。这样的城堡真的有点儿蔚为壮观，是用好几张大白纸贴在一起，形成了像我们福建客家人的围屋一样硕大的环形城堡。和我们的围屋不尽相同的是，整个环形折叠出好多个竖道，像是城堡的罗马式的立柱。每两个立柱之间，用剪刀横向各剪了八九刀，形成了上下好几个方形的格子，一折一叠，又形成了往里和往外两个空间，仿佛城堡的窗子和露台。这样的折叠，真是一种奇思妙想，让平面的纸张变得空间立体化，而且那样有了层次，有了神奇的魔力。

怪不得孩子喜欢这样的折叠。一个孩子做了一个城堡，各守一边，立在壁炉前面，很有些巍峨的样子呢。

尤其让我感兴趣的，是每一个这样折叠出的小小空间，都画着一个小动物，数一数，每一座城堡得画三十多个小动物，每一个小动物都不一样。这要费多大的心思和工夫呢！那时候，几乎好多天，每天孩子们跟着爸爸一起造这个属于他们自己的动物城堡，是他们最快乐的时候。

伏下身子，仔细地看，发现这两座城堡里画的这么多各种样子的小动物，都是他们从那本*MAKE A WORLD*学来的。他们巧妙地将学到的东西，移花接木用在了这个动物城堡上了。看来，学习还是很需要的，两本书的学习，让他们有了这样两座不同凡响的动物城堡。

我很想看看他们的爸爸后来借的这本让孩子着迷的教折叠的书。可惜，他早已经把这本书还掉了。

孩子们的兴趣也转移了。折叠的一幕落幕，新的一幕要开始了。

学画河马　得得（五岁半）

17. 海底世界和机器人

和爱去动物园一样，孩子天生爱看海洋博物馆。海洋馆里那些千奇百怪的动物，会让他们百看不厌，每一次看，都会大呼惊奇。在海洋馆里，隔着透明的玻璃，看那些海洋动物，比在动物园里隔着栏杆，看那些陆地上的动物，还会引起孩子更多的好奇

海洋世界　高高（六岁）

大象鱼　高高（五岁半）

和遐想。因为海底的世界，孩子一般都没有去过，便更加充满神秘感。波浪翻滚的大海下面，幽深莫测，到底藏着什么宝物和秘密，会让孩子涌出更多的奇怪的念头，和这个陌生的世界悄悄地对话，或发出他们满天小星星一样多的稚嫩的疑问。

因此，当孩子学会了画鱼之后，掌握了更多的画法的时候，由画鱼到画海洋里其他动物，便是水到渠成的事情。相信这是很多孩子在学画画的过程中都会有的共同的经历。

长牙的鱼　高高（五岁半）

高高七岁多的时候，画了好多海洋里的动物，对于孩子，海底世界确实是一个缤纷世界，神奇又神秘，磁石一样，有着强烈的吸引力，吸引着孩子的好奇心，随浪花一样飞溅，然后，溅湿了他的画本。

这时候，即使再画鱼，那些鱼已经和他最初画的时候完全不一样了。千奇百怪的鱼，会色彩纷呈地出现在他的笔下。眼睛长在头上面的鱼，比龙井鱼的眼睛还要奇特。鼻子长成大象的鼻子一样的鱼，准是他自己想象出来的怪鱼。一圈小鱼围绕这一条浑身长着很多长条状鱼鳍的鱼，像是在跳舞，肯定是他在加州蒙特瑞海洋馆里看到的沙丁鱼一群群簇拥在一起翩翩起舞的壮观

热闹的海
得得（四岁半）

海洋世界　高高（六岁半）

海洋世界　高高（六岁半）

情景……

他还画了好多海底的水草、珊瑚和其他的海洋动物，乌龟、海蟹、海蛇、海马、海螺……特别是跟着爸爸妈妈在法国住了半年，在海边捡了两大瓶子各种各样的贝壳，沉甸甸地带回家。他画了好多的贝壳。

当然，弟弟也画了好多的海洋动物，鲸鱼、海蟹、各式各样的奇形怪状的小鱼……海底的世界，被他们搬到了纸上，所有的海洋动物，都成为他们想象中的朋友，可以水淋淋地和他们一起玩耍。

有意思的是，这些海洋动物，和真实的动物都不一样，小哥俩不谋而合地都将它们按照自己的想象，随意夸张，肆意变形，毫无道理地替它们添加了好多身上根本不存在的东西。我问他们为什么想要这样画？他们摇摇头对我说：我也不知道！

我猜测，这样肆无忌惮地画，他们才觉得好玩！这样随心所欲地画，没有一点儿我们大人看重的或强调的像与不像，他们觉得好画！海洋动物，比动物园里常见的动物，给孩子提供了更多的想象空间，这些鱼也好，贝壳也好，水草也好，或者其他动物也好，便像他们手中的橡皮泥，可以任他们随意捏，想捏成什么样，就捏成什么样。

好玩和好画，对于教小孩子画画，是至关重要的两点。懂得这样两点，我们大人才会懂得孩子的心理。我这样一想，忽然觉得孩子的心理，在海洋动物之中得到了最好的体现。对于动物园里的那些司空见惯的动物，比如老虎狮子熊猫，我们大人一般会不经意地指出画得像还是不像。但是，孩子画的鱼或者其他海洋动物尤其是鱼，再怎么和实际的动物不一样，我们一般不会说它们不像。这是个有意思的事情。海底世界里的动物似乎比陆地世界的更充满弹性的空间，在这样人们惯性的既定空间里，恰恰是孩子们画它们游刃有余的地方。

机器人　高高（六岁）

比海底世界更可以让孩子充满想象空间，能够让孩子随心所欲画画的，是机器人。画机器人，没有对照的实物，本来机器人就是人创造出来的，当然可以完全凭空想象，无需事先的准备。我看两个孩子画机器人的时候，上来挥笔就画，毫不犹豫，仿佛胸有成竹，其实是笔随意到，想怎么画就怎么画，想画到哪儿就画到哪儿，就像水无拘无束，想流到哪里就流到哪里。而且，还可以在它们的身上随便添加任何东西，日月星辰，花草虫鱼，刀枪棍棒，牛鬼蛇神……无奇不有。笔触只要一落到纸上，便立刻如水银漫地，尽情流淌，一气呵成。

机器人　高高（六岁）

看两个孩子画机器人，让我不禁想起一句老话：画鬼容易画人难。谁也没有见过的东西最好画，机器人给了孩子画画最随心所欲的天地。

对比神秘的我们都还没有去过的海底世界，毕竟还有个既定的框框，约定俗成地摆在那儿；而机器人的天地，没有这样的约定俗成，只要有脑袋有胳膊有腿，其他的地方，其他的东西，你可以随便地画。这最符合孩子的心理特点。学画画画到了机器人，算是让他们从必然王国进入了自由王国，可以尽情地长舒一口气。

你也动动小手来
给它们涂涂色吧！

18. 英文字母画

在我的印象里，美国的幼儿园，孩子主要是玩，关于我们这里格外强调的儿童早期教育的知识方面，好像除了教孩子们唱儿歌、朗诵童谣之外，就是教阿拉伯数字和英文字母。和我们这里一样，都教唱了英文字母歌。对于那里的小孩子，英文字母很重要，只要学会了英文字母，就可以根据字母的发音，拼出单词，也就会识字了，比我们小孩子学象形文字，要简单容易得多。

在幼儿园里，高高先学会了阿拉伯数字。回到家里，画画的时候，我说：你就把你学的数字写在你画的画上，多好啊！

他问我：画到哪儿呢？

我说：你想画到哪儿，就画到哪儿！你觉得哪儿好看，就画到哪儿！

他看看画，还在犹豫，不知往哪儿下笔好。

那时，他正迷上画火车，刚画完一列火车。我对他说：你就把1234…画在火车吐出的那一溜儿烟上，好不好？烟是曲里拐弯儿的，1234…也跟着一起拐弯儿，多好玩！

他觉得我这个主意不错，把刚学会的从1到10，都写在火车头喷吐出来弯弯曲曲的浓烟上面。效果还不错，那些阿拉伯数字，像一队小鸟追着烟在飞。

字母画　高高（五岁）

以后，他在他画的西瓜和瓢虫上面，也写过这些阿拉伯数字。添加上这些歪歪扭扭的数字，画面更充满童趣，比单摆浮搁的西瓜要好看得多，仿佛那两牙西瓜也有些诱人，甜了许多似的。

高高六岁的时候，不仅已经学会了英文字母，而且可以用它们来识字，读简单的书了。那时，他爱机器人，便学着小时候在火车喷吐的烟上、西瓜和瓢虫的上面添加阿拉伯数字一样，在机器人旁边，添加了英文字母。那些排列整齐或者错落有致的英文字母，犹如群蜂乱

西瓜和数字　高高（四岁）

舞，比原来的阿拉伯数字还要热闹、好看。

那时，他还喜欢画一些小动物，比如蜗牛呀、蝴蝶呀什么的。他便把那26个英文字母，写在蜗牛和蝴蝶的旁边，或树的身上，或藏在云彩里面和小鸟的身上。他自己觉得特别有意思，然后让我猜这些字母都在什么地方，看我能不能找出来。我知道，这是他从一本叫做《隐藏在书里的秘密》书里学到的。那本书里，每一页都是画得满满的景物，把几件东西藏在画面里，要你去找，看你能否找出来，找出了，每样东西的旁边写着一个它的英文名字，是一种教孩子认识并记住英文单词的好法子。

我们大人总是愿意想尽办法，把知识的点放在寓教于乐之中来完成，教是重点；孩子总是愿意在玩乐中顺便把学到的东西天女散花般撒落出来，玩是重点。这就是我们大人和孩子心理的不同之处。

最有意思的是，有一天，他画了好几条大鱼，还有一个小海马。在下面写他的名字Easton的时候，他用的双钩，把这几个字母勾勒出来的。这是我教他的，告诉他这是美术字的一种写法。他只看我写了一遍，就说：我会了！这天，他果然会了，写得飞快，双钩笔线，几个字母都钩出来了，还别出心裁地在每个字母上添加几笔，让每个字母变成了一个小动物。

我对他说：你这个名字写得多有意思呀，和你以前写过的名字都不一样，和别人写的名字也不一样。你要是能把英文的26个字母都画成这样不同的小动物，一定更有意思！

听了我的话，他眨巴眨巴眼睛，大概觉得是挺有意思的事情。他坐在桌子前，接着画了起来。

把26个字母都画成了小动物。这些小动物，都是他平常爱画

鱼　高高（五岁半）

的，画出它们不难，但是，要把26个字母都改画成小动物，每个字母都是一个不同的小动物，还真的得动点儿脑筋。

他先画了a，像有一只小黑猫在a的一侧爬，不仔细看，几乎看不出来。

他接着画了b，这回好多了，像只小鸭子。我一下子就看出来了。

他又画了c，借着c上面弯弯的缺口，添加了一个小红鸡冠子，c立刻就像一只小鸡了。

这样的想法，让他很得意，画得很投入。但是，没过一会儿，他画不下去了。他喊我：爷爷，帮帮我！

我走过去，看他画得挺好的，尤其是那个g，他在下面点上了一个小黑点，一下子让这个g像一条弯弯的小蛇，g上面的那个你来给这些海洋生物涂涂色吧。如果再添加几个彩色的英文字母，可能会更漂亮哦！

小圆圈，特别像蛇弯曲的尾巴。还有那个h和i，h左边稍微长的那一竖道，小马的脑袋，而右边往下拐弯的那一道和左边那一道，借势成了小马的两条腿；i上面的那一点，让他画成了小鸟的脑袋，他只是多加了一个小小的三角，作为小鸟的嘴巴。

我夸奖他：你画得多好啊！

他说：可是，这个k，我想不出来画什么好了。你帮我想想吧！

我想了想，这样字母变小动物的游戏，是考孩子，也是在考大人呢。

我对他说：你看这样好不好，把k上面的那一撇，咱们给他拉长，长得像长颈鹿的脖子，你在最上面画上长颈鹿的头和耳朵，不就像长颈鹿了吗？

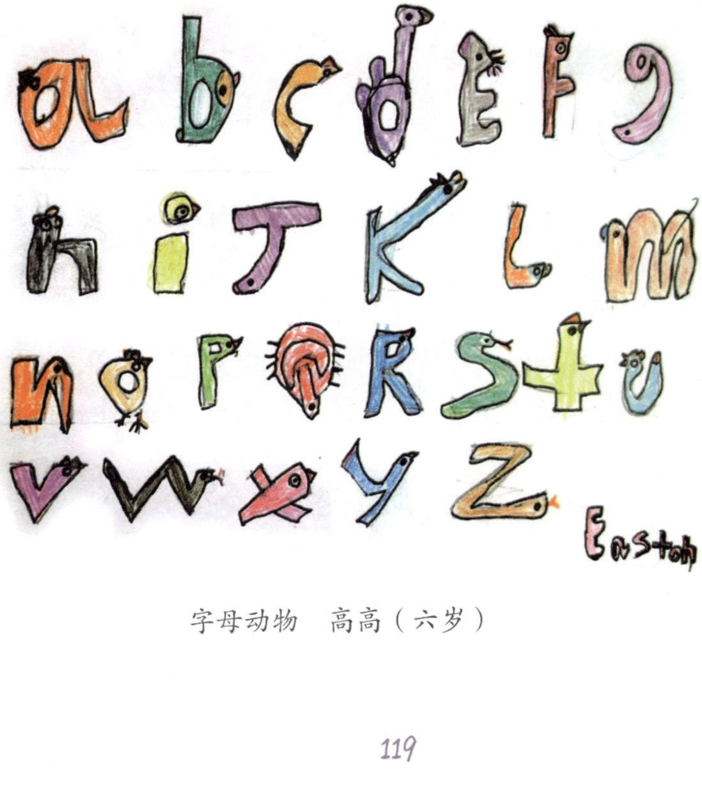

字母动物　高高（六岁）

和哥哥学画字母画　得得（四岁半）

他觉得这个主意不错，立刻就拉长了k的那一撇，让它变成了长颈鹿。

我刚要走，他又拉住我：你别走，你看看，这个m画成什么好啊？

我问他：你看这个m上面是不是拐了一个弯儿，有了一个起伏？

他点点头。

我又问他：你看这一拐弯儿，上面是不是就有了两个凸出，像不像凸起的两个小山包？

他点点头说：像。

我接着问他：你再好好想想，你说它还像什么？像什么动物？

他几乎脱口而出：像骆驼那两个驼峰。

我说：是吧？你好画了吧！

他很快就画好了这匹骆驼。

字母变动物，不仅是让字母发生了魔术般的变化，也让画画本身发生了变化，不再仅仅是照葫芦画瓢的单调去画，而有了几分智力游戏的色彩。就像孩子都喜欢玩脑筋急转弯儿或猜谜语的游戏一样，画画多了一种游戏的玩法儿。

他把26个字母都画好，手握着36色的彩色铅笔，像是率领着他的千军万马打了什么大胜仗一样，高声叫我：爷爷，快来看，我画完了！

他画得确实不错。尽管他钟情于小蛇，把s、w、z都重复画成了蜿

英文单词　高高（五岁半）

蜒的蛇，但是，他把n画成了鹈鹕，n的右边那一竖夸张地成为鹈鹕的长嘴巴；把y画成了小鸟，让y左边的那一捺成为小鸟弯弯的翅膀，好像正在振翅起飞；特别是那个大写的Q，画的真是好，他把它画成了一只乌龟，伸出的那一瞥，恰到好处地成了乌龟伸出的脑袋，真的有点儿神来之笔的感觉。我大大地赞扬了他的这个特别独特的Q。

h上的城堡　高高（八岁）

那时，高高刚上小学一年级。第二天到学校，他对同学说：我能把26个字母画成不同的小动物。同学不信。放学回家，他对我说了这件事，他说：我明天把画本拿到学校去，让他们看看，他们还信不信？

隔天，他真的把画本拿到学校，同学看了，惊奇地连声叫好。老师也看见了，夸奖了他。他非常高兴。对于一个孩子，老师的夸奖，就是对一个孩子做的事情的肯定，那是比家长还要重要的。

读二年级的时候，老师布置课堂作业，发给每个同学几张纸，纸上把26个英文字母粗粗黑黑的只印上一半。老师让大家在这字母的一半上面添加东西，让字母变成一种儿童画。这真的是一次别开生面的作业，孩子们都觉得新鲜有趣。

k变成鳄鱼　高高（八岁）

高高拿到的是h和k两个半拉的字母。在字母上画画，对于他并不难，一年前，他就画过了。在h右侧拐弯的弧形线上，他在中间画了一个房子的尖顶，左右两边各画了一个小小的房子的尖顶，弧线的下面，他画了一扇大红门，门上面画了好多扇窗户，然后，他让左边粗黑的那一竖道变成了烟囱，在最上面冒出一道弯曲的浓烟；这个半拉的h，便成了一座冒烟的城堡。k的左侧那粗黑的竖道上，他画一个圆圆的大脑袋和两只小小的眼睛，半拉k的右边，变成了鳄鱼张开的大嘴巴，他最后画上了满嘴的牙齿。

老师夸奖了他。他把画拿回了家，我也夸奖了他。字母画，带给他意外的收获和快乐。

小哥俩一起长大，常常一起打闹，却也会常常一起学习。无论哪个方面，无论长短处，哥哥都是弟弟的榜样。那一阵子，哥哥总在画英文字母，弟弟在一旁跟着学，也画了字母。在一幅画中，他画了一个机器人，一个火箭，一只狐狸，一只乌龟，一条蜈蚣，这样五种不挨不靠的东西上面，用不同的颜色画了abcdefg几个字母的大小写，还画了一个长长的箭头，拐弯儿指向了那个小狐狸。谁也不明白这是什么意思。是要教小狐狸认识这几个英文字母吗？

字母画　得得（四岁半）

19. 手掌花和手掌树

手掌花　高高（四岁半）

高高四岁半的时候，有一个周末从幼儿园回来，带回家一个硬纸卡，卡上是他在幼儿园里画的一幅画。妈妈下班回来，他把画递给了妈妈。

给奶奶的生日贺卡　得得（五岁）

这幅画，很有意思，是用他的小手掌蘸满了浓浓的紫颜色，印在卡纸上的；手掌的下面，弯曲着一道绿色的枝条和两片绿色的叶子，上面的手掌，便立刻像是一朵开着五瓣花瓣的紫色花了。我不懂这紫色和绿色用的什么颜料，挺厚的，大概是水粉。

卡纸的后面写着：Happy Mother’s Day Easton。妈妈明白了，大家也都明白了，星期天就是母亲节，这是高高为妈妈画的母亲节的贺卡。

仔细看，在贺卡的边上，还贴着一张纸条，上面用红色的印刷体写着几行小字，是一首送给母亲的小诗，大意是：我只有这个小小的东西送给你——我的大拇指和其他几个手指，它们都很小，我用它们做了这个贺卡，是因为我爱你！

妈妈看了非常的感动，泪花直在眼眶里打转。站在旁边的我们也都很感动。不用说，这张贺卡，是幼儿园的老师教孩子做的。应该感谢也要佩服老师的这个创意，如果不是孩子自己制作一张贺卡，而是从商店里买回一张贺卡，还会让大家感动吗？再进一步说，如果是孩子自己画了一张贺卡，但不是用孩子的小手掌印在纸上变成一朵盛开的花，而是画的别的什么花朵或其他的东西，还会让大家感动吗？

是啊，这样印着孩子手掌花的贺卡，十指连心，带着孩子的体温，可以瞬间如箭镞般射进妈妈的心房，才会让人感动。

在美国，节日里送亲朋好友一张贺卡，是一种礼仪，一种风尚。即便是在食品超市里，也会专设有好多个柜台，摆满各种各样的贺卡，从感恩节到圣诞节，到生日的祝福、结婚周年的纪念，五花八门，五彩缤纷，应有尽有。比如生日卡，可以从一岁到几十岁，每一岁的贺卡，画着花样繁多的图案，都齐全而漂亮地列阵在那里等候你挑选。在任何节日之前，选一张自己喜欢的贺卡，非常方便，

跳舞的琴　高高（六岁半）

彩色的树　高高（七岁半）

也常常是人们要做的事情。

大约就是从高高送给妈妈那张印着小手掌的贺卡开始，每逢节日之前，他都会自己做贺卡送人。那一年的圣诞节前，他在家里，让我帮助他找图案，他要画圣诞卡，送给幼儿园全班同学每人一张。商店里有专门卖供自己制作贺卡的纸张，还都配有一个小小的彩色信封。妈妈早已经替他买好了，万事俱备只欠东风。一个晚上，要画二十几张贺卡，够他忙乎的。

孔雀　高高（七岁）

那时候，他五岁了。他已经学会了画小动物，画鱼画花画房子，画好多东西了。二十几张贺卡，他画得挺来情绪的，很快就画完了。第二天，他把这些自己画的贺卡带到学校，同学围上来，挑选着自己中意的贺卡，成了开心的事情。自己画的贺卡，给大家带来了快乐，也给他自己带来了快乐。画画，不光是闷在家里自娱自乐的事情了，而是像一朵小小的蒲公英，最开始是长在自家的草坪上，风吹来了，蒲公英就吹开了一朵朵小小的降落伞一样，飘飞到了天空，然后随风吹落到了别处。

弟弟得得跟着哥哥也学会了做贺卡，无论是妈妈爸爸，还是我们的生日，他和哥哥都会自己动手，做一张生日卡送给大家。

两年前的春天，我在美国，那一年正是我七十初度。中国人讲究生日过九不过十，便在美国度过了这个生日。小哥俩一人画了一张生日卡送我。弟弟画的是深蓝色的大海，一轮金色的太阳，橙红色的天空中飘荡着大团大团粉红色的云朵，海里还有鱼和帆船……总之，都是他认为好的东西。他是拿着油画棒，尽情涂抹，一气呵成。卡纸的另一面，挂着三排灯笼，每盏灯笼上面写着一个字：祝爷爷生日快乐，还有他的名字。

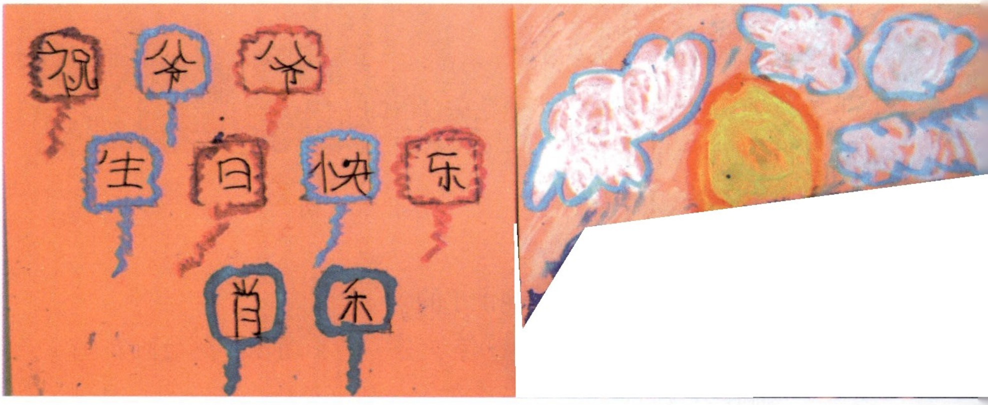

给爷爷的生日贺卡　得得（四岁半）

那一年，妈妈生日的那天，哥哥高高同样用油画棒，一气呵成画了一个生日蛋糕，祝妈妈生日快乐！三层的生日蛋糕，是三个一个比一个小的长方形，红蓝黄三色的油画棒正好发挥了作用。蜡烛的火焰，正好让油画棒的最明亮的红色派上了用场。而盛蛋糕的盘子，他画得硕大无比，为的是让天蓝色的油画棒可以尽情在盘中流淌。

给妈妈的生日贺卡　高高（五岁）

尽管贺卡做得简单，甚至有些粗糙，但是，毕竟是自己动手制作的，便像是一朵再小的小花，是自己种下的种子，自己浇水，看着它发芽长大开出小小的花朵一样，心情是不一样的，感情是不一样的。从自己的园子里带露折花，和从商店里买回来修剪好的鲜花，到底是不一样的。

生日卡　高高（七岁半）、得得（五岁半）合作

这次来美国，我看到孩子的玩具柜上摆着一个镜框，镜框里，是孩子的几个小手掌，涂抹着棕黄色的水彩，叠印在纸

上，像开出的花朵，花朵的中心，还别出心裁地粘贴着两枚彩色的纽扣，成了花蕊。又在四周洒上了金光闪闪的荧光碎纸屑，很别致的一幅手掌花。花朵的下面，是粗粗壮壮的黑色，不像是一枝花枝，倒像是一棵大树的树干了，那么，上面的便不再是

手掌树　高高（六岁）

手掌花，而是手掌的枝干，一下子变成手掌树了。

我想起了三年半前，孩子画的那张送给妈妈母亲节的贺卡。日子过得飞快，三年半了，孩子的小手掌变大了许多。手掌花，一下子变成了手掌树了。

给爸爸的生日贺卡　高高（四岁半）

20. 在餐馆里的画画

在美国的餐馆里，无论大小，无论中餐西餐，客人入座之后，如果是带着小孩来的，服务员拿着笔本前来点餐的同时，会拿来一小盒蜡笔和一张纸。蜡笔一般只是四色，顶多六色，纸是白纸或纸上印有黑色线条的图案，让孩子用蜡笔在上面涂颜色。如果来的是两个或更多的孩子，他们会多拿来几盒蜡笔和几张纸，分给每个孩子一份。这些蜡笔和纸张是免费的，你用完餐之后，不少餐馆可以让孩子带走。这几乎成了所有餐馆的一定之规，就像必备的餐巾纸一样习以为常。

有一次，我们在圣路易斯一家德国餐馆吃饭，那一天正赶上是星期天，客人很多，服务员忙得脚不拾闲，一时忘记了给孩子拿蜡笔和纸。开始，我还以为这家餐馆没有这项服务呢。两个孩子已经习惯了进餐馆就等着蜡笔和纸张，可以随手画画，打发等餐的时间。餐座上没有这两样玩意儿，一下子像是少了碗碟刀叉和调料瓶一样，显得桌上空荡荡的，两个孩子有点儿坐不住了。忙叫来服务员，指着身边毛了爪儿的两个孩子，问有没有蜡笔和纸张？服务员连声道歉，转身拿来了蜡笔和纸张。

餐馆这样做的目的，并不是为了让孩子不忘画画，抓紧时间随时随地地学习，而是在等候上菜之前这一段时间里，让孩子手

祝鱼快乐　高高（五岁半）

里有个抓挠，别猴子屁股坐不住，到处乱跑，打闹，捣乱。在餐馆这里，这样做的目的，比我们做家长的更为实际而明确，是为了孩子的玩，而不是学习。

在我国的餐馆里，我没有见过有这样的服务。其实，蜡笔和纸张，成本不高，却让孩子在等餐时可玩，让家长多了一种体贴的温馨之感。我们的餐馆常会高悬“宾至如归”的匾额，却往往忽略了投入小、收益大的这样一点。不是舍不得，是想不到。所以想不到，是我们更愿意想那些宏观的大的方面，容易忽略这样小小不然的点滴之处。却往往是这样的细枝末节，润物无声，最见功夫。

孩子来北京的时候，我常常带他们去一家上海风味的餐馆。这家餐馆的饭菜的味道不错。哥哥爱吃那里的小笼汤包，弟弟爱吃那里的大排面。

这家餐馆的餐桌上，摆着一个小方盒，盒子里放着一沓7厘米宽14厘米长的浅褐色的小纸条和一支铅笔。这是供客人用来填写要点的菜品的，纸条的一面印着很多小格，让客人填写座号、菜品的编号和需求的数量。

可能是在美国的餐馆里的蜡笔和纸张，让他们习惯以为这就是为了给他们画画用的纸笔呢。两个孩子，一个人从一个方盒里拿出一张纸，一支笔，就在纸的背面开始画画。这纸条太小，哪里是够他们施展手脚的天地？不一会儿的工夫，他们就从方盒中抽出了一张又一张的纸条，在上面龙飞凤舞。本来盛放着厚厚一沓纸条的方盒，很快像渗水池一样水流所剩无几。

服务员走了过来，先是看看孩子趴在桌子画画，发现了画画的用纸，再一看方盒中的纸条愈来愈少，二话没说，探身上前，猿猴轻舒长臂一样，将两个孩子身边两张桌子上的方盒都拿走了。

楼前飘过鱼　高高（七岁）

没有画画的纸了，哥哥先大声哭了起来，叫道：他们不让我画画！

灯塔　得得（五岁）

那时，弟弟还小，愣愣地瞅着哥哥，不知如何是好。

邻座的客人，纷纷侧目，不知道我们这里发生了什么事情。

我赶紧起身，从别的桌上的方盒里取出纸条，给小哥俩送来，哥哥才不哭了，接着在纸上画，一直到饭菜送来。

下一次，再来到这家餐馆吃饭，小哥俩记吃不记打，又惯性地从那小方盒中取出纸笔画画。为防止上次高高哭声重现，不让服务员替餐馆节约几张纸条，就心情迫切地把纸条拿走，我对高高说：你先画张画，送给那个服务员阿姨！

那时，他刚学会画熊猫，便在纸条上画了一只熊猫，又添了一棵新学来的枝条摇曳的柳树，等服务员过来时，送给了她。

服务员一看，很高兴，对他说：画得真好！又问他：你几岁呀？

他告诉人家：五岁半！

孩子得到了夸奖，服务员得到了尊重，两相齐美，彼此相安无事，再没人查岗一般来查看方盒中的纸条是否在迅速减少。

那年夏天，孩子回美国之前，从高高在那个餐馆里用铅笔在那种纸条上画的画中，奶奶挑出了两张，一张是一棵柳树上升起一个大大的红太阳，一张是一头大肥羊的身上飞着一只小鸟。奶奶对他说：这两张画得好，你涂上颜色，我替你粘在你的画本上，是你这次来北京的纪念，好不好？

他用彩色铅笔在画上涂上了颜色，浅棕色的背景，衬托着彩色铅笔的痕迹，有点儿仿旧的效果呢。

餐馆里画的画　高高（五岁半）

在本子的一张白纸的左右两边，各贴着一张画，中间的空白处，他画了结着果子的一棵红树和一个有着笑脸的风筝。

这是一幅有意思的画。有意思不是在于他画得好，而是在于两个国家的餐馆里关于小孩子画画的不同经历与不同经验，以及不同的感悟。

21．看了马蒂斯的剪纸之后

大象　高高（七岁半）

那天，爸爸的学校美术馆里，有马蒂斯的剪纸展览。我带高高去美术馆参观。这个题名为“马蒂斯剪纸：‘爵士’”的展览，规模不大，只有一个展厅，全部都是马蒂斯的一组剪纸画，共有20幅。这是1942年马蒂斯的作品，那时，马蒂斯7三岁，正在病中，为转移病痛，消磨时间，信手拿起了剪刀和纸。剪刀在他的手中，神灵附体一般，灵动如仙；鲜艳的色块和诡异的线条，充满难得的童趣，让我看到了他绘画艺术的另一面。这一组剪纸，成为马蒂斯消除病痛的一剂解药。

我指着马蒂斯的剪纸，问高高：好看吗？

他回答我说：挺好玩的！

我又向他讲了马蒂斯在病中坚持剪出这一组剪纸的故事。他听了似懂非懂，没有说活。

那时，高高只有四岁半。他刚才的那个回答，还是让我高

星球　高高（六岁）

兴，因为他没有顺着我的问话回答说好看，而是说好玩。他所说的这个好玩，正是马蒂斯这些剪纸画最主要的特点，也就是童趣。很多大人画的画，更适合成人欣赏，能够让孩子接受，也能喜欢的，就是要有童趣。有些画作，画得非常的好，但缺少童趣，或者根本没有童趣，就如同宗白华说的小说中缺少了诗意，像是看花架上的花，看不见了花，只能看见花架一样，是不大适合孩子的。

剪纸的品种有很多，我国的剪纸有着悠久传统，其民间性更强。对于孩子，剪纸和正儿八经的油画或国画不同，正在于好玩。油画，需要画笔、颜料、画布和画架；国画也需要最起码的墨汁、毛笔等必备的工具。剪纸，只要一把剪刀和一张纸，就可以了。所以，剪纸，来自民间，而不像油画来自宫廷和学院。

窗花 高高（八岁）

我和高高说话的时候，高高的爸爸正在前面，俯身趴在马蒂斯的一张剪纸前观看，不知道他看出了什么，又会想起什么。那一刻，我想起了他小时候，和高高差不多大的年纪，有一天，我和他妈妈有事外出，把他丢给奶奶照看。小孩子，没有谁是一盏省油的灯，他开始磨着奶奶和他一起玩，玩他的积木、魔方、变形金刚和电动火车。那时候，奶奶已经七十多岁了，哪里会玩他的这些新式玩具？便总在玩的时候出差错，不是积木坍塌，就是火车出轨。他玩得兴趣锐减，开始磨着奶奶要找爸爸妈妈。奶奶没有办法，从针线笸箩里拿出一把剪刀，让他找张纸，说奶奶教你剪纸吧！

人像　高高（七岁半）

孙子眨巴着眼睛，望着奶奶，有些奇怪，但听说剪纸，还是来了情绪，飞快地跑去找纸去了。那时，我家里有很多杂志，花花绿绿的封面，正好成了剪纸的好材料。不一会儿，他抱来一摞杂志，递给奶奶说：你教我剪纸吧！

其实，奶奶哪里会什么剪纸！除了鞋样儿，她老人家一辈子也没有剪过一回纸，实在是被这个磨人精的小孙子磨得没招儿了。年轻的时候，在农村生活，她看过村里人剪纸，是过年的时候剪出的窗花和吊钱，贴在窗户上，挂在房椽前，红红火火的，吉祥，又好看。那些窗花里有很多如“喜鹊登梅”等好看却又复杂的图案，那些吊钱里有元宝和福禄寿喜更复杂的图案，奶奶哪里会剪呀！奶奶是被赶上架，只好拿起剪刀，冲着杂志封面开剪了，完全是有枣一棒子，没枣一棒子，剪刀没有任何章法地随意游走。彩色的纸屑抖落在奶奶的衣襟上之后，剪出来的剪纸，虽然祖孙俩谁也认不出是什么花样，却都很开心。孙子说了句：真好玩！便从奶奶的手里拿过剪刀，冲着另一本杂志的封面下笊篱。他觉得原来剪纸这么简单，一点儿都不难。

我回家的时候，看见床上和地上都是彩色的纸屑，桌上铺满祖孙俩的杰作。他跑过来对我说：全是我和奶奶剪的，好看吗？我连说好看，那一幅幅剪纸，是比马蒂斯的剪纸还要抽象和野兽派，完全看不出来剪的是什么东西。但是，随意甚至肆意的线条，如水如风，在彩色的纸上游龙戏凤，留下了祖孙俩心情和想象的痕迹。这些剪纸，让我第一次真正地意识到，包括剪纸和绘画在内的艺术，不见得都具象得让人看懂，关键是里面要有你的心情、想象和真挚的情感。

餐盘变小猫　高高（六岁）

从此，很长一段时间，我家总会是一地彩色纸屑，如同开春后的五花草地。奶奶成了孙子的剪纸老师，祖孙俩让家里的那些杂志变废为宝。我从他们两人的剪纸里各挑出一张，夹在我的笔记本里，成为一段美好的记忆。

一晃，三十多年过去了，儿子长到我当年的年龄，而孙子和他当年一样大了。生命的循环，像梦

站在树旁　高高（七岁）

一样呈现在眼前。

那天，从爸爸学校的美术馆回家的路上，我向高高讲了他爸爸小时候剪纸的事情。他睁大了眼睛，比听马蒂斯的故事还要好奇地望着我，不知在想些什么。回到家中，我拿出剪刀，对高高说：去，看看你爸爸那里有没有废杂志，爷爷教你剪纸！

高高眨动着眼睛，好奇地问我：你会剪纸？像马蒂斯一样的剪纸？

我信心满满地对他说：对，比马蒂斯还要好看好玩的剪纸！

我和高高头一回学剪纸，只是把纸叠几层，拿着剪子就像战士拿着冲锋枪一头冲进了战场，不管不顾，从中间往外开始转着圈地乱剪，别说，也能囫囵个儿成型，只是，那怪异的图案，我和高高谁也不知道剪出来的是什么东西。不过，没关系，高高挺乐呵的，我也挺乐呵。好多天，我们都是这样胡乱地剪，好多天都是一地彩色的纸屑。

第二年，我们再来美国的时候，奶奶特意买了一本学习剪纸

上学去　高高（六岁）

的书带来。剪纸有了学习的章程和方法。不过，高高还是更愿意不照着书中提供的样子，而是随心所欲地在纸上乱剪。得得跟着哥哥学，虽然也是乱剪，但也可以剪出好多连他自己都认不出的图案来。小哥俩自得其乐，剪得很是惬意，很是痛快。和以前的画画相比，手中的笔换成了剪刀，就像玩游戏时手中的水枪换成了激光枪，给了他们不一样的感觉和乐趣。

我说过，小孩子都是喜新厌旧的，其实是更愿意接受新鲜一些的事物，在频繁更换的事物中，心思容易蓬随风转，不那么定性，却也可以不断学习新的东西。关键是做家长的在这样的变化中，自己要有主心骨，才可以对孩子有所把握。我自己的想法是，剪纸挺好玩的，干吗不让孩子玩玩呢？但是，剪纸的基础，还是绘画。因此，画好画，对于像剪纸等其他的艺术形式的把握，才容易些，其中获得的乐趣也才会更多些。

马蒂斯的剪纸给了孩子启发，也给了孩子随心所欲的勇气。同画画一样，不设那么多的条条框框，像与不像，都不是问题，画成什么样就是什么样，剪成什么样也就是什么样。他们自己在剪纸的过程中，就摸索出了属于自己的喜好，自己的规律，剪出来的东西，也就越来越有模有样了，或者说是越来越有他们自己心中的模样了。

我从美国回到北京，和孩子的联系靠视频，常常从视频中看到两个孩子新剪出的花样，比最开始，真的是进步很大。去年春节前，我们对两个孩子说：快过年了，你们给爷爷奶奶剪个窗花吧，过年时我们好贴在窗户玻璃上。

春节前，两个孩子把剪好的窗花寄来了，是四朵窗花，两个孩子，一人剪了两朵，图案都不一样，但都挺好看的。我们把这几朵窗花都贴在阳台的窗户玻璃上了，大年初一，明亮的阳光一照，分外醒目，很带喜气儿。

卫士　高高（六岁）

今年春节，我们又来到美国看望他们。一眼望见，书柜的最高处，摆着他们新剪的剪纸，和以前剪过的那些剪纸完全不同。我仔细观看，是用一张墨绿色的彩纸，镂空一块，然后，把镂空的这一块，和镂空下来的那块彩纸，一起直接紧紧地贴在下面另一张白纸上，构成了一个彩色和空

鱼的世界　高高（六岁）

白的对应关系，便形成了一种剪纸独特的图案。这种图案，看不出是什么具象的形状，也看不出我们大人惯性思维中某种什么具体指向的意义，但是，却挺别致的，有一种装饰的效果。

这是他爸爸借来的一本书，书中介绍了这样剪纸的具体方法，高高是从书里学来的。今年来美国，看到两个孩子的剪纸，有了新花样，他们能剪窗花，也能像马蒂斯一样剪出图形。他们剪出的戴着黑色大帽子的侍卫，伸开双臂，守卫在楼房前，头上是放光的太阳，脚下是草地和小兔子，挺有趣的；他们剪的树、房子、太阳、蝴蝶、小人，组合成一幅清早上学图，贴在一张蓝色的纸上，很好看。哥哥用彩纸剪出他的英文名字Easton，在旁边贴上他剪出的一组鱼、章鱼、青蛙，真的很别致。他们的进步真大。想想，从带高高看马蒂斯的剪纸，三年半的时间过去了，孩子们的剪纸当然得有进步了。

我对两个孩子说：你们的剪纸都很棒，能不能现场给我剪一个，看看你们的本事？

两个孩子二话没说，立刻拿来剪刀和彩纸，连想也没想，当场一人剪了一张给我们看，随心所欲，按照他们各自的想法，很快就剪成了。

我问他们：没有学习比照的样子吗？

他们点点头说：没有。

我又问他们：就这么随便剪，想怎么剪就怎么剪？

他们又点点头：对！

孩子随着日子一起长大了。

春节前夕，高高准备给他们班上二十六个同学每人剪一张剪纸，告诉他们中国过年的时候要剪窗花贴在窗户上，让这些美国孩子和他一起过年。看着灯下他拿着剪刀低着头专心致志又随心所欲地剪纸的样子，想起三年半前带他去看马蒂斯剪纸展览的情景，实在让人感慨时间过得真快，仿佛一眨眼的工夫，孩子就长大了。

怪人　高高（七岁半）

他忙不过来，弟弟帮他一起剪。二十六张剪纸，满满的铺在地板上，五颜六色的，像是盛开一地的春花烂漫。

最后，他给他的老师剪了一个红红的“福”字。

22．用树叶作画

高高上小学一年级的第一学期，我在美国。每天下午四点多放学的时候，我会在家前面的路口等候校车，接他回家。黄色的校车从树丛中探出头来，拐一个小弯儿，就到了路口。看见高高背着书包，敞着怀，从车上跳下来，见到我的第一句话就是：咱们找树叶去吧！便先不回家，沿着落叶缤纷的小路找树叶。

他是想找树叶做手工。已是入冬时分，几场冷风冷雨，树上的叶子凋零无几，大多落在地上。不过，由于雨水频繁，落在地上的叶子湿润，还散发着树枝的气息，呼应着残存在枝头上的叶子，做最后的告别，虽有几分凄婉，却也十分动人。

大公鸡　高高（六岁）

这时候，才会发现，秋末时分枝头上的树叶，或金黄，或火红一片，在秋风的吹拂下，是那样的灿烂炫目。如今，落在地上的叶子却有别样的色彩和风情，但形状不一样了。由于距离的变化，拿在手中，近在眼前，才发现同样都是枫树，有三角枫、五角枫和七角枫的区别。而且，不同的枫叶，像伸出不同的触角，活了一般，让那红色的叶脉弯弯曲曲像是真的有血液在流动。不同流向的叶脉，让叶子的触角有了不同的弧度，那弧度像是舞蹈演员柔软而变幻无穷的手臂，富有韵律，让我们充满想象，便也成为我们做手工最佳的选择。

孔雀　高高（六岁）

我和高高捡了好多这样红色和黄色的枫叶，回到家里，铺满一桌子，找出合适的叶子，用它们做成一只金孔雀和一只红孔雀，连我自己都惊讶那一片片枫叶怎么那么像孔雀开屏时漂亮的羽毛呢？好像它们就是特意落在地上，等着我们弯腰拾起，去做孔雀那五彩洒金的尾巴呢。高高更是高兴得拍起小手叫了起来。没有想到小小的树叶，摇身一变，竟然可以出现这样神奇的效果。

弟弟从幼儿园回到家，看见了，也大呼小叫：我也要做一只孔雀！

弟弟跟着哥哥学，也做树叶标本画。鱼最好做，弟弟便也像哥哥最初先做鱼一样，做了起来。只要找好一片叶子，不管圆的也好，长的也好，都可以做成鱼的身子；再找好一片小点儿的叶子，最好是分叉的，比如三角枫，就可以做成鱼的尾巴。只要有了这样两片叶子，一条鱼就算做成了。这么快就把鱼做出来了，弟弟很有成就感。

弟弟用两片已经剪破的树叶做成了一艘小船，有一片黄中透着点点红斑的黄栌树叶做成了帆，胖乎乎的小帆船，很像他自己，非常好玩。

弟弟用三种不同颜色和形状的树叶做成了三株树，树上飞着一只小鸟，翅膀用的是一片黄色的五角枫叶子，嫌五角的翅膀太多，剪去了一角，四角的长翅膀，有点儿像孔雀呢，头不要找树叶了，索性自己画，这只小鸟显得那么可爱。

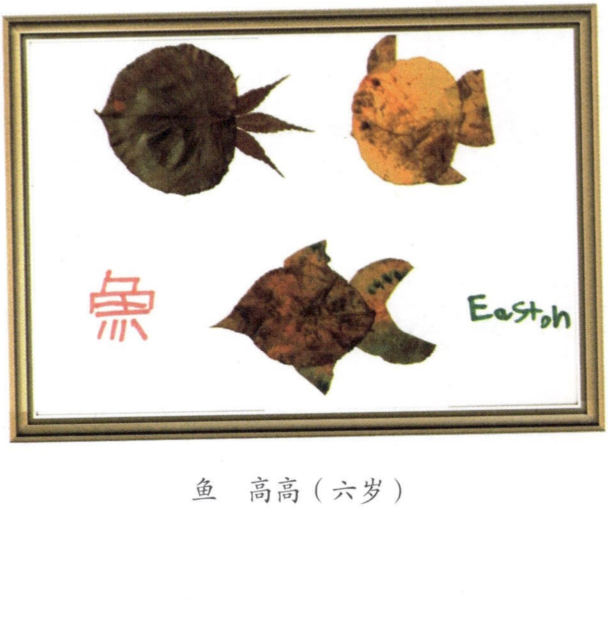

鱼　高高（六岁）

还有那槭树和石楠的叶子，椭圆形，粗看起来，大同小异，细看大有玄机。石楠叶小，槭树叶大。小的小巧玲珑，像童话里的小姑娘；大的像大姐姐一样温柔敦厚。

石楠叶薄，薄得几乎透明，红红的颜色像是过滤了一样，淡淡的胭脂似的，可以随风起舞蹁跹。

树　高高（六岁）

槭树叶厚，且有光亮的釉色，像穿着盔甲的武士，似乎能够听到曾经挂在树枝上吹来的风声雨声；又像厚厚的、绒乎乎的天鹅绒幕布，拉开来，舞台上就可以上演有趣的戏剧。

槭树叶和石楠叶最好找，几乎遍地都是，我和高高常常会如进山寻宝的人，总有些贪婪，弯腰拾起了这片，又抬头看见了那片，捧在手里一大捧，反复权衡，恋恋不舍，好像它们都是我们的至爱亲朋。我和高高一起用不同的槭树叶做成了不同形状的鱼，圆圆的，长长的，扁扁的，再用绿色的树叶剪成水草，贴在它们的旁边，它们就像在水里面尽情地游动了。

我和高高用不同的石楠叶做成了莲花，找那种鲜红的，五片石楠叶错落在一起，就是一朵盛开的红莲；找一片深红的，再找一片粉红的，边缘上还带着一点浅黄色，用这样大小两片石楠叶叠合在一起，就是一朵含苞待放的娇羞的莲花；再找两片小小的黄栌，要找那种还能顽强保持着绿色的叶子，放在莲花下面，就是莲叶田田了。

当然，这些落叶，和枝头上的叶子相比，色彩也不一样了。

向日葵　高高（六岁）

别看落叶没有了在枝头连成一片的金黄和火红耀眼的阵势，但落叶也不是像落花一样，顷刻辗转成泥，溃不成军。落叶区别于树上叶子的重要之处，在于树上的叶子连成一片的金黄和火红，让所有的叶子变成了一种颜色，淹没在相同的色彩之中。落叶散落在草丛中，灌木间，或泥土里，却是色彩不尽相同，彰显每一片叶子舒展的个性，甚至色彩渗进叶脉，都让我们看得须眉毕现，触目惊心，也赏心悦目。

同样是杜梨树上落下的叶子，经霜和雨水反复打湿后，每一片叶子上的红色已经相同，那种沁入红色深处的黑色光晕，浸淫红色四周的褐色斑点，像磨出的铁锈、溅上的眼泪似的，似乎让每一片落叶都有了专属于自己前世的故事，更让每一片落叶本身就都成为一幅绝妙而无法复制的图画。由于杜梨叶比较厚实，叶子上面有一层釉色，显得很是油亮，每一片落叶都像是一幅精致的油画小品。那些随心所欲而富有才华的大色块渲染，毕加索未见得能够胜上一筹；那些飞溅而落的斑斑点点，西尔斯拿手的点彩也未见得能够如此五彩缤纷。

我常会捡到一片好看的杜梨叶子，招呼高高过来看。高高也特别注意看那些落满一地的杜梨叶子，如果看到一片特别奇特的叶子，也会高声叫我：爷爷，快来看呀，这儿有一片不一样的叶子！

有好多天，我们两人都钟情于杜梨叶子。路两旁有好多杜梨树，落下的叶子成堆。我们常常在地上仔细寻找，不放过任何一片闯入眼帘的叶子，常常会有美丽的邂逅而让我们赏心悦目，便常常会听见小孙子的大呼小叫：爷爷，快看，这里我又看见一片好看的树叶！

找到的最好看最别致的一片杜梨叶，竟然是黑色的。那种黑，不是被污染的乌黑，也不是姑娘劣质眉笔的那种漆黑，而是油亮油亮的黑，叶子的边缘有一层浅浅的灰色，像黑色的火焰燃尽之后吐出的一抹余韵；像淡出画面之外的空镜头里的远天远水，让叶子的黑色充满想象的韵味。

鸵鸟　高高（六岁）

我问高高：你见过这样黑色的树叶吗?

他摇摇头，说：没见过。

我对他说：爷爷也没见过。

这片黑色的杜梨叶，一直没有舍得用。也不是真的舍不得，是不知道用在哪里恰到好处。

我们用别的杜梨叶做的热带鱼或大公鸡，都让不同色彩的杜梨叶尽显各自的英雄本色，让各种不同的红色交织成一曲红色的交响乐。只是这片黑杜梨叶，一直夹在书本里。曾经想用它做成一只海龟，它黑亮黑亮的釉色和粗粗的叶脉，还真有几分海龟的意思。也曾经想把它一剪两半，做成两条木船，在上面用银杏叶和红枫叶做成它们各自的风帆。但是，都觉得不是最佳选择。它暂时还沉睡在高高的书本里，它的生命跃动，在高高的想象中，在我的想象中，也在它自己的梦中。

有时候，弟弟从幼儿园回来，也会和哥哥一起做树叶标本的图画。他会趴在桌子上，替哥哥选树叶，哥哥负责往本子上粘。看得多了，小小的树叶，在小哥俩的手中变幻着，在本子上变幻着，像是发生了化学反应一样，变幻着不同的样子，和他们用笔和颜色画在本子上的图画，是完全不同的感觉。

有时候，我会让两个孩子做个评比，看哪个树叶标本画做得更好看？

弟弟选择的是一只大鸵鸟。三片红红的树叶，就成了鸵鸟的身子，剪了一半的叶子成了鸵鸟的脖子，另外两片叶子，成了鸵鸟的两条大长腿。这个简单，我也能做。弟弟这样说。

哥哥选择的是一棵五彩树。这五彩树的名字，是他自己起的。不同形状

五彩树　高高（六岁）

和颜色的树叶，是他自己捡的，自己挑的，自己贴上去的。

他们问我：爷爷，你最喜欢哪个？

我说：我喜欢这个小丑。你们看，这个小丑做得多有趣呀，黄色的叶子成了他的脸，三角枫做他的帽子，五角枫做他的裙子，那两片带刺的绿叶子，你们看像不像他穿的灯笼裤？那片小小的三角形的绿叶做成他的领带，多扎眼呀。最有意思的，空中还有一个小丑抛在半空中的红苹果。他像不像正在演杂耍？

小丑　高高（六岁）

那个红苹果，是用一小片杜梨树的叶子做成的。他们也都喜欢这个小丑，只不过，这个小丑是我和高高一起完成的，高高还是选择了他自己独自完成的五彩树。

那整整一个冬天，和孩子一起做树叶标本画，给孩子带来了快乐，也给我带来了快乐！

真的，别以为落叶就是死掉的树叶，落叶离开树枝，不过是生命另一种形式的转移。想起龚自珍的诗：落红不是无情物，化作春泥更护花。落叶更是如此，更具有化为泥土中腐殖质的营养作用，来年新一轮春花的盛开，是落叶生命的一种呈现。如今，落叶生命的另一种呈现，在我和两个小孙子的手工画中，它们存活在他们的画本里，也存活在我的记忆中。

23．老师留下的暑假作业

我到北京了　得得（五岁半）

去年的暑假，高高和得得要到北京来。那时，高高七岁半，得得五岁半。学校的老师知道了他们要去中国，放假之前，给了他们一人一个图画本，说是给他们留的暑假作业，让他们在这个图画本上画他们到中国玩的地方和情景，另外，把他们去的机票，游览的地方的门票，也贴在本子上，回来的时候，给全班同学看，好多美国的小朋友从来没有去过中国呢。

我看见北京的房子了　得得（五岁半）

两个孩子很高兴，老师的话总是重要的，要听的，万里长途，把图画本从美国带到了北京。到了北京，就把这个图画本拿给我看，讲了他们的暑假作业，挺兴奋的。但是，对于孩子来说，玩是比暑假作业更要上心的。玩起来之后，就把这事甩到脑后了。爸爸妈妈催促他们：别忘了你们的暑假作业，不会画的，让爷爷教你们画。

小孩子都是属老和尚手上的木头鱼的，需要不断地在上面敲打，才会有响声。他们终于坐下来画了。非常有意思，弟弟和哥哥画的第一张都是北京的高楼。大概，这是北京给他们的第一印象吧。他们在美国居住的那个地方，根本就没有这样一幢幢摩天大楼。另外，我也清楚，楼房好画，都是以前他们画过不知多少遍的了。他们像老太太吃柿子，专找软的捏，有点儿应付事。我说光画楼房不行，还得画点儿别的，新鲜一点儿的。

西安博物馆　得得（五岁半）

第二幅，他们画的不一样了。弟弟画的是长城。哥哥也画了长城，不过，是在后面画的，他先画的是飞机的降落。他还分别用中英文各写了一句：我到北京了！然后，他接着又画了一幅和谐号的高铁列车进站。和爸爸妈妈一起坐高铁，他和弟弟都感到非常新鲜和兴奋，美国，号称是汽车轮子上的国家，火车并不那么普遍，他们还没有坐过火车呢。

好多地方，哥哥和弟弟是一起去的，自然，画的也是同一个地方。他们去了北海，一口气爬到了白塔的顶，回来后，每人画了一张白塔，都觉得没有画好。再从天坛玩完回来后，他们要我教他们画祈年殿。我一笔一笔教他们，告诉他们只要抓住祈年殿的圆顶这个特点就行了。另外，数一数，它是由几层圆顶构成的，把这几个圆画出来，祈年殿的形状就有了。最后，再画它下面的那汉白玉的柱子和台阶，柱子和台阶就画线，一个是直线，一个是横线。

然后，我先用这直线和横线画了个样子，问他们：难吗？

他们说不难，开始画了。哥哥在祈年殿下面加画了一棵大树，说是古树。我告诉过他，天坛里古树多。弟弟在祈年殿下面加了两个他自己画惯的小人，说是他和哥哥。只是一个小人是直的，一个小人是横的，我不明白是什么意思，倒是和柱子台阶的直线、横线相呼应了。

涂什么颜色？他们问我。

我说：随便你们涂，什么颜色都可以。

把颜色涂上去，画一下好看多了。弟弟涂的颜色更鲜艳，像他玩的各种颜色小方块组成的乐高。

他们去了西安的大雁塔，画的大雁塔，却不完全一样。弟弟的塔胖，哥哥的塔瘦，弟弟在塔下画了喷泉和两个小人，哥哥在塔旁边画了一个风筝和一个热气球。

他们去了西安的碑林，在那里买了一本碑林介绍的图书，照着书里的画，他们各画了一张碑林。他们去了陕西博

我去了天坛　得得（五岁半）

物馆，照着那里陈列的一件宝物，各画了一张宝物。因为有图片和实物可以比照着画，对于他们并不难。他们去了山西大同的云冈石窟，那么大的石窟，从哪儿下笔呢？怎么画呀？他们觉得难了。回到北京，他们让我教他们画云冈石窟。

我说：爷爷也不会画。我给你们找找人家画的云冈石窟，看看人家是怎么画的，咱们一起学学！

我找了找，找到线条简单、画面集中的画，容易学。小哥俩各自找到了自己喜欢的一幅画。我对他们说：你们不要每一处都照着人家的画，那样画比较难，你们就画其中的一点，或者一部分，你们觉得哪一点，哪一部分，自己最好画，就画哪一点，哪一部分。

我去了西安碑林　得得（五岁半）

他们画好了。

哥哥画的山，很简单，是几道斜线构成，下面画了个山洞。这样子，以前他画大山和火车时候学过，那里的大山就是用这样的斜线画出来的。在山的上面，他画了石窟外面的房子。房子，以前他更是画过很多，只是现在将山和房子这两者组合在一起，看似难画的，就变得容易画了。几道斜线分割成几种不同的颜色，山倒也简单别致。石窟的上空添了一个大大的太阳，是他熟悉的，画过无数次的，给画面增添点儿分量。

云冈石窟　高高（七岁半）

弟弟画的是一个石窟中一个具体的佛像。天上飞着几只鸟，地上站着两个小人，是他经常爱画的，一个是他，一个是妈妈。

在北京，他们还看了一场京戏，看了一场杂技。这都是以前他们没有看过的，对于他们来说很新奇。这当然是必须要画的。他们都画了一张京戏里的大花脸，那是长安大戏院门前的雕塑，戏没有开演之前，他们两个人就跑到那里，从花脸的大嘴里钻来钻去地跑着玩。

弟弟先画了一张小猪表演杂技的耍圈，小猪的头上顶着一只公鸡。

哥哥看完，画的也是扔圈，画的是一个小丑，踩在木桩上，下面是尖尖的山。无疑，这是增加了小丑表演的难度，一不留神从木桩掉下去，就得被尖山扎着。他得和弟弟画的不一样才行。

弟弟画了一张动物园。哥哥没画，以前，他已经画过了。他画了香山，那天，他和爸爸妈妈还有弟弟，一口气都爬到香山的山顶鬼见愁了呢。那天，我坐在山脚底下等他们下山，坐在那里画画。他下山看见我的画上画的弯曲的松树，照葫芦画瓢，画在了他的这幅画上了。

第一次看京戏　高高（七岁半）

他还多画了一张卧佛寺。那天，天特别的闷热，大雨就要下来，他和弟弟一口气从香山植物园的大门口走了好远，才来到卧佛寺，已经是黄昏要关门的时候了。卧佛寺里安静得很，除了我们，几乎没有一个人。古木参天，香火缭绕，梵音幽远，让他觉得仿佛到了另外一个世界。

回来后，我让

他画画卧佛寺，他问我画哪儿好，我说你就画它的山门多好啊！那是一道上坡，那天，他和弟弟比赛，看谁先跑上去，谁先跑到山门那里算谁赢。我拿出那天他和弟弟比赛的照片给他看，山门一角的绿瓦红墙，掩映在古木之中，色彩鲜艳，又好画。他听从了我的建议，很快就画完了。这幅画，画得真不错，特别是几棵古树，画得随意，简单，却很生动；山门的红墙涂的颜色那么明艳，一下子很是抬色。

我很喜欢杂技　高高（七岁半）

在北京和山西、陕西疯玩了一个多月，收获满满地回美国上学了。老师问他们的暑假作业完成得怎么样了，他们把作业交给了老师，心里在等待着表扬。

一天上课，老师让高高把他的暑假作业和大家分享。老师准备好了投影仪，递给了高高一根指挥棒，让他一边指着画，一边给同学讲讲他暑假在中国游玩的收获，让大家和他一起认识

暑假去北京　高高（七岁半）

中国。

老师还请来了家长一起观看。无疑，这给了高高极大的鼓励。同学们听得兴趣盎然，毕竟他们都没有去过中国，对于他们来说，那是一个遥远的又有些神秘的国度。当高高翻到他画的那张小丑要圈演杂技的画的时候，有调皮的男孩子站起来，学着画上的样子，也高高翘起一条腿在单蹦，好像也有好多的圈圈在他的脚上小鸟一样的不住地跳跃。

北京高铁站　高高（七岁半）

24. 学画京戏里的人物

武生　高高（七岁半）

暑假，两个孩子要来北京，我提前在长安大戏院买好了票，等他们来了看戏。是一场京剧的折子戏专场，其中有《三岔口》《时迁偷鸡》《秋江》……想他们一定喜欢。京剧，是中国的国粹，在场上虚拟世界中进行有声有色的无实物表演，可以说是全世界绝无仅有的艺术。孩子在美国难得看到，和看惯的电影电视或一般舞台剧，是完全不一样的。

果然，两个孩子都非常喜欢，看得津津有味，毕竟是他们第一次看京剧，格外的新奇。戏散场回到家，向我们一通地说，说得有声有色的。

我问他们：最喜欢哪一个？

他们几乎异口同声地回答：《三岔口》和《时迁偷鸡》！

以前，我给他们讲过《水浒》，他们早知道鼓上蚤时迁。我便先问：演《时迁偷鸡》的时候，里面有真的鸡吗？

他们回答：没有。

我问：没有鸡，你们怎么感觉到时迁是把鸡偷到手的呢？

表演的呗！

我问他们：《三岔口》是在黑夜里发生的事情，台上的人物黑咕隆咚的什么也看不见，为什么你们能看得见？

他们说：他们演的呀！然后，两个孩子模仿着戏里的样子，相互打了起来，却又相互打不着，最后在地上滚成一团，乐不可支。

我说：好玩不好玩？

他们连声说：好玩！

我问他们：爷爷教你们画画京剧好不好？

好啊！他们很乐意，但不知道怎么画。

我说：你们不是最喜欢《三岔口》吗，咱们就先画《三岔口》。

时迁　高高（七岁半）

我先给他们画了个样子，然后说：你们看，就是你们以前画过的人物，只不过穿的衣服不一样，每个人的手里拿着把刀。衣服肥肥大大，人还好画了呢。不信，你们试试！

他们试了试，画得不大好。以前画的都是现在的人物，小孩子多，这穿着一身武打装

三岔口　高高（七岁半）

扮的戏服，再让两个人都拿一把刀比画着，还真不大好画。

我说：先不画刀，先画人，人的帽子腰带什么的都先不用画，把人的动作的形儿找到了，就行了。你们看，一个人的身子是往这边歪，一个人的身子是往那边拧，看明白了吧？这么画，就容易画了！

他们又画了一张，两个人物像两个小孩装模作样在打架，但意思有了。我再让他们给每个人戴上一顶帽子和一个头巾。腰带，我教他们画两个长方形就行了。最难的是，让人手里拿着刀，确实不好画，人的手是最难画的。我说：把一把刀画别在一个人的身后，就好画点儿了吧？另一把刀就画在那个人的两手之间，有那么个意思也可以了。

《三岔口》，我帮助他们画完了。该涂颜色了，他们问我：怎么涂？

我说：怎么涂都行，你们随便涂，就是脸得注意，你们看戏的时候，人物都是要勾脸，你们就别把脸都涂满了颜色，涂一半，就像戏里的人了。他们涂了，虽然和戏里的人物勾的脸不一样，但有了这样一半颜色的脸，让人一看，像是京剧了。

看看自己画的京剧，他们也觉得挺有意思的，和以前画过的人物不一样，而且是画的自己看过的京剧里的人物。他们能够对着他们画的人物，讲出看过的戏里面的故事。他们有些兴奋，一连几天，磨着我让我教他们画京剧。

哥哥喜欢时迁这个人物，让我教他画《时迁偷鸡》。我帮

时迁偷鸡　高高（七岁半）

他从书上找来时迁的造型，对他说：你看这是不是和你在戏里看到的时迁一样？就照着这个人物的模样画。鸡你会画，你就把偷来的那只鸡放在时迁的怀里，就行了。

他画的那只鸡，挺好玩，一个圆圈就是鸡身子，里面乱七八糟缠搅在一起的黑线就是鸡毛，大红嘴，好多个长方块里涂满五颜六色，就是鸡的尾巴，倒也简单，画得飞快。

哥哥还画了《武松》和《孙悟空三打白骨精》，武松和孙悟空的故事，他都听过，画起他们，仿佛不大陌生。

弟弟画得比哥哥还要多。他很喜欢这种戏剧人物，觉得色彩鲜艳，造型也比真人好看得多。他画的《击鼓骂曹》《穆桂英挂帅》《钟馗》，都比哥哥画的要复杂。他比哥哥有更多的耐心，坐在那里，先用铅笔打草稿，一笔笔地画，画得不好，用橡皮涂掉，重新画。再没有画好，就让我帮忙。他一般会这样说，比如画人的胳膊，他说：你就帮我画两个点，告诉我应该从哪儿画到哪儿。我就帮他点上两个点，他连上

武松　高高（七岁半）

武旦　得得（五岁半）

钟馗 得得（五岁半）

这两个点，就把一只胳膊伸出的动作画出来了。他画的人物，动作感很强，无论男的，还是女的，都像那么回事，仿佛活灵活现地正在舞台上做精彩的表演。

有一天清早，弟弟早早醒来，叫我教他画京剧，他迷上了画京剧人物呢。我一连教他画了两张，哥哥醒了，揉着惺忪的眼睛，跑进我们画画的屋子里，一眼看见我正教弟弟画画呢，不干了，大声叫着奶奶：我爷爷教得得画画，不教我！

奶奶说：谁说爷爷不教你？你刚才不是睡觉还没醒嘛！

他还是不依不饶地叫着：不行！然后问清楚弟弟刚才我教他画了几张画，又嚷嚷道：刚才爷爷教得得画了两张画，待会儿爷爷得教我画四张！

我说：行，先洗脸刷牙去，待会儿我教你画八张！

武生 得得（五岁半）

25. 自己动手做一本书

如今，在美国，自己动手做一本书，很流行，老少咸宜，尽人可为。它既可以成为一种工艺品，也可以成为一种游戏；它可以制作得很复杂，也可以制作得很简单；可以自己把玩珍藏，也可以作为礼物，送给亲朋好友，甚至自己的恋人。当然，还可以展览交流，甚至出售。

高高做的书　高高（七岁）

这样做书的各种纸张，薄厚，大小，齐整和毛边，带光和哑光，白色和彩色，包括封面封底的用纸，应有尽有，为的就是方便大家自己动手做书。

有一天，在印第安纳大学美术馆里看到一则广告，有手制书展览在美术系举办。我去参观，展览的手制书不是很多，只是在几张阅览桌上，陈列着几十种，不过，没有一般展览常见的玻璃罩的阻隔，那些书可以随便翻阅，手和书是并列的主角。也是，没有手的重要参与，哪来的这样特制的书？

得得做的书　得得（五岁）

如今的世界上，书的品种越来越多。农耕时代延续至今的纸质书籍，只是其中一种了。当然，还会是最重要的一种。不过，电子书，这个后起之秀，现在越来越流行。除此之外，便是这种手制书，更是后起之秀的后起之秀。心里暗想，手制书和电子书，呈两极态势发展。电子书，借助的是高科技，是向前发展的产物；手制书，则走的是倒退复古的路，向着农业时代最初纸制书的前身大踏步地倒退，从设计到绘画、剪贴和书写，从选材料到裁页装订，退回到完全手工制作的个体作业模式，甚至连书上面的图画和文字，也是手工完成的。一新一旧，诉说着人们对于书的前世与今生的想象。

展览中的手制书，生动形象地说明了这一点。如果说书不仅仅作为知识的一种载体，也可以是一种艺术的展现的话，世界上所有的艺术，都是既可以朝着激进的方向发展，也可以退回到保守主义方面发展的。那么，手制书更可以实现这样一种艺术个性张扬与多样性纷呈的追求和愿望。在正式出版的传统纸制书中，一种书，是千篇一律的内容和包装，个性被淹没在共性当中。即使有专业藏书家，他藏的孤本是很少见的，大多数的

高高做的书　高高（七岁）

书，他有，你也可以拥有。在手制书中，却可以一本书是一种样子，就像大自然一样，每一片树的叶子，每一朵花的颜色，都不尽相同。如果你藏的是手制书，那么，完全可能你拥有的，是世界的唯一，独此一家，别无分店。

我没有想到，有一天，高高的老师，居然要求全班的同学，每人自己动手，也做一本这样的手制书。我才忽然感觉到，原来，这样自己动手做书，并不仅仅是在展览馆中的展示，而成了小孩子的作业。高傲的机器印刷的精致书籍，如同迟归的鸟儿一样，如今已经飞入寻常百姓家。

没错，这是小孩子的作业。高高才上一年级。老师布置的第一份作业的题目是*All about me! On the weekend*。这个作业不复杂，也不难，老师给了一张纸，纸上印着好多个画好的钟，让同学们在这个周末几点的时候做什么，就画什么，然后写一行字注明，再把钟剪下来，贴在你画的纸上。书中的一页就算完成了。高高画的第一页，是几点起床；又画了几点刷牙，几点游泳……把这几页纸装订在一起，自己再画一个封

得得做的书　得得（五岁）

面，一本书就算完成了。挺简单的，也挺有意思的。以前，看的都是别人写的画的印的书，这一次，别看简单只有几张纸，却是自己动手做的书呢。

老师布置的第二个作业，题目是*Things you might see in December*。这个题目起得也很适合孩子，你在这个十二月里看见了什么就画什么，并不是很难。而且，十二月里有一年一度的圣诞节，特点突出。高高写了我看见了雪花，我们堆起了雪人；我看见了圣诞树和圣诞树上挂着的礼物；我喜欢拐棍糖。便在文字的旁边或下面，画上雪人和圣诞树和拐棍糖……

转年春天来了，老师布置的作业，是《摘草莓》。参观动物园了，老师布置了《关于美洲狮》。老师还给每个同学发了一个精装的小本，要求他们记录进入学校他们自己觉得值得纪念的事情。高高的题目就叫做《Easton的记忆之书》……

一个学期下来，很多语文作业，大多是让孩子们自己动手做书。也许是我的见识有限，这种教学的路数，我还真的从来没有见过。自己动手，从画到写，再到装订，既学了字，练了表达，又学了画画，还得学着做手工，一举多得，孩子还很喜欢做这样的作业，而不尽是那些默写背诵让人头疼的作业。

有一次，老师布置了这样一份作业，题目是 *I am thankful for...*。高高第一页画了一个地球，写我感谢地球；第二页画了一男一女，写我感谢我的家；第三页画了太阳，写我感谢太阳；第四页画了房子，写我感谢我的爸爸妈妈；第五页画了一棵树，写我感谢树木；第六页画了地上开了一排小花，写我感谢大地；最后一页，写我感谢我的老师。封面和封底，连体画了一个大南瓜和一只五根手指形状的鸡。鲜艳又醒目。

高高做的书　高高（七岁）

几次自己动手做书，做到这一本，已经看出了他的进步。

自己动手做书，是一种作业，也是一种手工，带有游戏色彩，孩子很高兴玩。看着哥哥这样做书，弟弟得得也跃跃欲试，想自己动手也做一本书。爸爸妈妈教他，和他一起想主意，并动手和他一起做，毕竟他还小，还没有上学呢。

弟弟做的第一本书是*Porcupine' s adventure*（豪猪历险）。从封面开始，每一页在不同的位置上都挖了一个小洞洞，豪猪从这个洞洞里跑走，到下一页不知会落到一个什么地方，比如，顺着天梯坐上了飞机，从飞机上掉进了鳄鱼的嘴里，又不停地掉进拉煤的车上，等等，好不热闹！这些小动物，都是平常画过的，对他一点儿都不难，但让它们汇聚在一起，可以随意由他调遣，和这头豪猪一起上天入地的一通折腾，他的兴奋劲就上来了。

由于有爸爸妈妈的帮助，弟弟的这本书画得很复杂，天上有飞机和气球，地上有火车和狐狸，水里有鳄鱼和青蛙，画面比哥哥做的书要好看。哥哥在一边不干了，非要磨着爸爸妈妈，帮他也做一本这样的书。

得得做的书　得得（五岁）

得得做的书　得得（五岁）

爸爸妈妈和他一起也做了一本这样的书，在每一页挖一个小洞洞，哥哥这一次要让一只小兔子从这一个洞子里钻进另一个洞子里，和弟弟的那个豪猪一样，在魔宫一样的天上地上水里转圈圈。他给书起的名字是*Rabbit runs away*。

高高做的书　高高（七岁）

看他们在灯下，小脑袋和爸爸妈妈蒜瓣一样挤在一起，又是画又是剪的忙乎，再看他们自己动手做成的书，乐趣真大。这种

高高做的书　高高（七岁）

乐趣，和在游乐场中，或在电子游戏里，或在孩子最喜欢摆弄的乐高里，不尽一样呢。

26. 超现实主义的书

*Making Books*封面

自己动手做书，对于好动好玩又性情多变的孩子，其乐趣的持久，是很难的。

所有的孩子都一样，让兴趣持久，从而转化成一种学习的自觉，都不那么容易。兴趣，对于小孩子，就像陀螺旋转，兴趣大，旋转的速度会加快，旋转的时间会加长，但完全靠兴趣想让陀螺永远旋转而不停下来，是不可能的。

我们常说，小孩子的兴趣，是三分钟的热乎气，就是这个道理。没错，兴趣，只是孩子学习的萌芽，想要它长大，真正长成一棵树，需要时间。时间，考验着孩子的耐性，也考验着家长的耐性。

一天，爸爸拿回家一本书，书名是*Making Books—BOOKS FOR KIDS TO MAKE*，也是一本教小孩子自己动手做书的书。打开一看，和以前老师教的做书，和爸爸妈妈教的做书，还真的不一样。书里的法子很多，原来自己动手做书，别有洞天，竟然是这样的丰富多彩。作者Gwen Diehn，是美国北卡罗拉州威尔士大学教授艺术的一位教师。她曾经出版过教孩子画画的其他的书，对孩子的绘画等艺术教育有研究。

WHAT YOU DO

1. Fold the cover paper and all the sheets of copier paper in half so that each folded sheet is 5½ inches by 8½ inches (22 by 28 cm).

2. Decide whether you want to make pictures or a story for your exquisite corpse. If you want to make pictures, decide how you want to divide the body: into head and neck, shoulders and chest and arms, hips and legs and feet (three parts), or into head and neck, shoulders and chest and arms, hips, legs, feet (five parts).

If you want to make a story exquisite corpse, decide on parts, for example: describe the setting, introduce a character, make that character

*Making Books*关于超现实主义书的制作方法

爸爸打开书的其中一页，那里有一幅几乎占据了一整页的图片，上面印着的几本书，其中最前面的一本书打开着，中间画着一个小人，被剪刀剪成了四截，把这个小人的头、身子、腿和脚等分成了四部分。

爸爸对两个孩子说：你们在每一页都画一个不同样子的人，然后把每一页都像这样剪成四截，你们随便翻开不同页码里的哪一截，可能出现的人头和人身子，人腿和脚丫子，都不是一个

《怪异的书》　高高（八岁）

人的，会有不一样的效果。你们做一本这样的书试试！

书的这张图片的下面，有教孩子做这样一本书的方法步骤。指着这本书，爸爸说：你们看，它上面说，这样做出来的书，叫做超现实主义的书！

超现实？这名字好古怪，但有意思，对两个孩子有吸引力！

二话没说，两个孩子找来纸张和剪刀，叫唤我和奶奶帮他们一起做书。爸爸妈妈忙乎做饭去了。

哥哥先动手，没一会儿工夫已经画好了五页，画了五个奇形怪状的小人，有的小人长着八支胳膊，有的小人长着三条腿，为的就是翻页时小人组合成的样子更好笑好玩。他又从盒子里找到妈妈买来的专门做封面的厚一些的彩纸，让我帮他挑选一张做封面。

他给他的这本书起了个名字*The weird book*（怪异的书）。没一会儿的工夫，就把封面画好，赶紧跑出去，到厨房找他爸爸报喜帖子去了。

不一会儿，他跑回来，对我说：封面画反了！

坐下来，噌噌噌，重新画封面，这一次，他把书名特别写成阶梯状，双钩笔道的单词，然后用一个斜角三角形将书名的三个单词勾勒进去，下面画了两根柱子支撑着这个倾斜的三角形，三角形的上面露出一个尖角的房子。也不知道这样的设计图形，他是从哪儿学来的，就看他下笔一点儿不带犹豫的，一气呵成就画完了，又赶紧跑出去找他爸爸报喜。

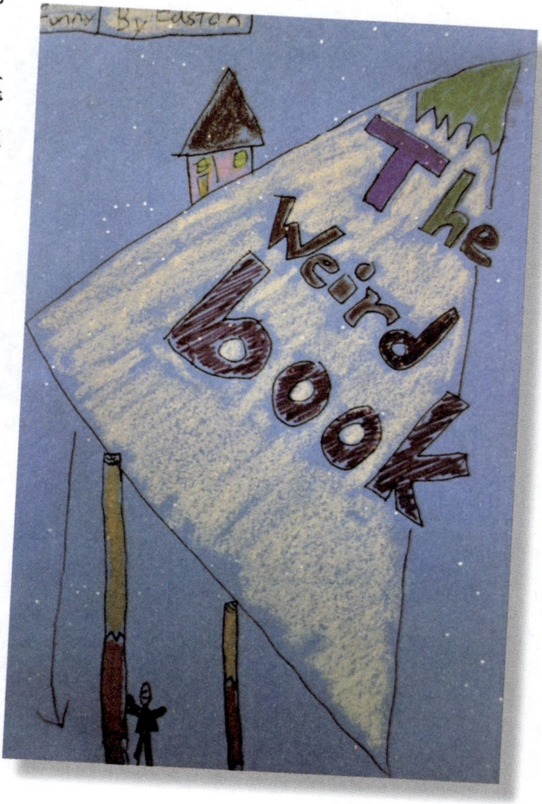

《怪异的书》　高高（八岁）

孩子都是这个德行，喜欢做的事情，就愿意干，不用别人催促。兴趣，对于孩子，永远像是燃放的烟花，璀璨闪亮于一时，然后熄灭，需要等待燃放下一朵烟花。不断给孩子新鲜感，不要一味地墨守成规，才会让孩子保持对事物的兴趣和学习的持久性，一朵接一朵的烟花，连缀在一起，才会点亮孩子整个童年的天空。当然，这需要家长和老师的智慧，还有耐心。家长和老师有了对事物不断的敏感和持久的耐心，孩子才会有。前面的车，后面的辙。

弟弟看哥哥这么快就做完了书，也叫喊着要奶奶帮忙，他也

《好玩的书》　得得（六岁）

要做这样怪异的书。他画了四个机器人，一条章鱼，一只青蛙，一只小老鼠，一个穿裙子的小姑娘，一个雪人，一根带橡皮头的铅笔。一共十页，超过了哥哥的页数，而且，比哥哥的还要热闹。学哥哥，也给他的这本书起了个名字*The funny book*（好玩的书）。

哥哥哪能示弱呢？他马上对我说：这一次，我要画二十页！我全画成机器人！

晚饭做熟了，爸爸妈妈叫他和弟弟吃饭！他也不去吃，非要一口气把这二十页全部画完。噌噌噌，他画得飞快，除了画了一根大骨头棒子，一棵长着树根的大树和一条吐着信子的长蛇，其余画的是各式各样的机器人。不同的页码翻开看，如同风吹树叶，纷纷扬扬，看得人眼花缭乱，却让两个孩子兴高采烈，像是率领着他们的机器人大军，和那些小动物包括怪模怪样的骨头、铅笔一起，浩浩荡荡，打了大胜仗一般，得胜回朝，来到饭桌前，美美地吃晚饭了。

过了几天，小哥俩又想起了他们的这三本超现实主义的书，分别把书带到学校给老师看。老师看了，都表扬了他们书做得真好。高高的老师还对高高说：咱们全班的同学也要学做这样的书！让高高负责教大家。

《怪异的书》内文之一　高高（八岁）

《好玩的书》内文之一　得得（六岁）

27. 草莓变成了大萝卜

美术课上，老师教学生们画草莓。

去年夏天的时候，老师曾经带他们到果园里采摘过草莓。大家都见过草莓，吃过草莓，老师说：今天我们来画草莓。

同学们觉得画草莓不新鲜。但是，老师教大家画的草莓，和大家摘过的、吃过的草莓不一样。草莓不是画成了红色，而是画成了彩色。草莓不是画成一体，而是被分割成好多块，每块的空间画上不同的线条、涂抹上不同的颜色，组合在一起，成为一块色彩斑斓的图案，装饰性很强，不像草莓，倒像是一块花手绢，一块彩色的地毯。

老师发给每人一张硕大的水彩纸，让大家用水彩照着老师教的样子照葫芦画瓢。这样的画难不倒高高，他先用铅笔勾勒出草莓心形的形状，里面的图案，他不想用铅笔画草图，准备直接用水彩随心所欲地涂抹了。他开始挥洒着水彩颜色，弄得一手一身都是斑斑点点水彩的水渍。

他很快就画完了。一张大纸上，画上了一大一小两个草莓，准确地说，是两幅草莓形状的装饰画。老师是想用这样的方法，教学生设计图案，让简单和单调的草莓变得生动有趣，吸引孩子们画画。无疑，这要比只是教孩子画草莓好玩得多。

草莓萝卜　高高（八岁）

高高画完之后，没有什么事情，他觉得这么快画完了，只是画了两个草莓样子的图案，没有意思。于是，他重新拿起了画笔，朝着绿色的水彩伸过去，使劲儿地蘸上浓浓的绿色，在草莓上面心形凹下去的地方，添上了好几笔粗细不一四处分散的道道，又在草莓底部尖尖的地方，画上了三笔短短的绿色线条。这一下，望着对被他重新改造过的草莓，他有些心满意足了，就像给睡着的弟弟涂上了一个小花脸一样，有种恶作剧的得意和满足。

他把这幅水彩画拿回家给我看，问我：你看看我画的是什么？

开始，我以为画的是两颗心。

他说：不对！是老师让我们画的草莓。

我说：这也不像草莓呀！

他又问我：不像草莓，你说像什么？

我仔细看了看，明白了，像两个大萝卜！他画上画出的那儿笔绿色的道道，原来是萝卜缨子。

我告诉他像萝卜。

他有些得意，却又有些掩饰，头一歪，不说话，扭头跑出去玩了。

爸爸妈妈下班回来了，高高把这幅水彩画拿出来让爸爸妈妈猜他画的是什么。爸爸妈妈看出来了，是萝卜，并夸奖了他画得好，尤其是添加了那几笔绿色，让草莓变成了大萝卜，真的是好！

他很高兴。老师也是这么夸奖的他。

小孩子学画画，不在乎画得多么的像，多么的好，更在于在画画中学会发挥自己的想象力，会让画画不仅仅成为一种技能的培养，而成为一种乐趣。墨守成规，照本宣科，哪怕是再一丝不苟的画，也不如随心所欲的挥洒，对于孩子更需要，也更重要些。

我们的孩子，再怎么努力地学习画画，能成为画家的可能性概率是极小的。但是，在学习画画的过程中，找到乐趣，让自己的想象力像蒲公英被风吹得漫天飞舞，则是比成为画家更重要的。

把草莓画得再怎么像草莓，也没有什么意思。把一个草莓变成大萝卜，把色彩挥洒成心情，把童年抒写成童话，这将是孩子最美好的纪念，也是我最美好的回忆。

俄罗斯前辈作家巴乌斯托夫斯基曾经说过这样的话：只有当我们成为大人的时候，我们才开始懂得童年的全部魅力。

可以将他的话改为这样：只有当我们成为孩子的时候，我们才开始懂得绘画的全部魅力。

28. 跟宋老师学画水彩画

鹿　高高（七岁半）

高高上二年级，得得上学前班的时候，开始和宋老师学画水彩画。

宋老师是北京人，得得上幼儿园的时候，宋老师从德国来到美国，当得得的老师。宋老师是学美术的科班出身，从北京工艺美术学校毕业，到德国留学，然后工作，和一位德国人结婚生子。丈夫到美国

企鹅　高高（七岁半）

做博士后的工作，宋老师辞去了挺好的设计工作，跟随丈夫来到美国。

因为都是北京人，孩子们和宋老师关系很好，都很喜欢宋老师。宋老师办起了这个教孩子画水彩画的辅导班，两个孩子都报名参加了，跟着宋老师学习了两个周期。

宋老师学美术出身，懂美术，教孩子很得法。比这个得法更重要的，是她的认真和对孩子的爱心与耐心。教孩子学水彩画，和教孩子学儿童画不大一样，因为一般的儿童画，用彩色铅笔或者水彩笔就可以了，水彩画必须要和水彩打交道，换了一种画画的工具，尤其是要把水彩的颜料和水调和一起，孩子会感兴趣，但也常常会按起葫芦起了瓢，把水彩弄得一手一身湿淋淋的。

宋老师每一次教孩子画画之前，会先仔细地备好课。她的备课法子，是先用自己想好的方法，让自己的孩子先练习一遍，看看哪里适合孩子，哪里还需要调整和改进，就像舞蹈演员在后台先练习好了才会上台，自己有了准备，心里有了把握以后，再来教孩子。

那时候，每个星期天，我们在北京和孩子视频的时候，孩子总会拿出宋老师教他们的水彩画给我们看，每一次，都会让我格外惊讶，孩子们画得实在不错，可以看出是宋老师教得好。孩子的这些画，是宋老师的作业，也是宋老师教学的成果。

流汗的怪物　高高（七岁半）

孩子画的小鹿，弟弟画的鹿头是橙红色的，哥哥画的是绿色的；鹿角都是长长的，尖尖的，哥哥画的鹿角橙红色中点着的是绿，弟弟画的鹿角橙红色中点着点点的黄，显然是绿颜色里加的水多了。不过，画得都很可爱，是孩子们喜欢的那种小鹿。那种小鹿，他们都很熟悉，常常会从家的窗口跑过，有一年春天，一群小鹿还把他们家窗前所有郁金香的花瓣都吃得精光了呢。

他们画的企鹅最让我忍俊不禁。都是四棵小树，两只企鹅，在树间行走。哥哥画的企鹅，黑色的羽毛，白色的身子，黄色的

红尾鱼　得得（五岁半）

小嘴，橙色的爪子，天蓝色的背景和企鹅生长的寒冷环境相吻合。弟弟的企鹅，画成了两只奇诡的大鸟，一个是半身红半身紫的身子，一个长出一个黄色的大翅膀，背景的红色，倒是很配合这两只怪模怪样的大鸟。

宋老师都夸奖了他们，画成什么鸟，不是主要的，主要是画出了自己想要的那种鸟，那种鸟就是好鸟。教孩子画画，不求千篇一律，非得画得都和老师画的一模一样，而是尊重孩子的个性，培养孩子的兴趣，是宋老师值得我学习的两点。

仔细看，两只鸟，都是先画在另外的纸上，剪下来，后粘上去的，不用说，这种方法，是宋老师教的。用拼贴的方法画画，这是我学会的另一招。

哥哥画的猫头鹰和倒立的怪兽，猫头鹰身子上的羽毛，毛茸茸的，很逼真好看，那是用黑色的油画棒涂抹上的，是宋老师教的；练把式的怪兽头上流下了一滴滴那么多的汗珠子，是哥哥自己想出来的。

弟弟画的长尾巴的鱼和向日葵，画得真的不错。鱼的长尾巴，有绿有红有黄，相互漫延交织一起；向日葵花瓣的形状和颜色，画得那么自然、生动，花心里褐色和黑色的斑点，画得那么随意，好看；还有那一片横扫下来的绿叶子，尤其是下面那一排小动物的点缀，真的是只有孩子才画得出来的一片天真可爱。

弟弟画了一幅四联画，一幅画中分成了四个方格，每个格中的颜色不同，都有一个猫头，在猫头中间，都有一条鱼。显然，画的是小猫吃鱼的传统故事。有意思的是，那四条小鱼的样子都是一样的，像木刻，用黑色和红色的油彩印上去的。一问，果然是事先宋老师刻好了鱼的剪纸模型，让孩子们套色印在小猫的脸上了。这真的是一个很好的创意，花样翻新，让孩子兴趣盎然，让画画变成了游戏，是孩子最容易接受的。

透过手机屏幕，仔细看，我看到有的画上有斑斑点点的墨点，有的画上有颗粒粗粗的突兀出来的斑点，显然，不是孩子不小心抹在画面上的，而是有意挥洒在上面的，有了一种好看别致的装饰效果。

向日葵　得得（五岁半）

猫脸上的鱼　得得（五岁半）

我问孩子这是怎么弄上去的？

孩子告诉我：墨点是在笔上蘸好墨汁，然后用铅笔轻轻地敲打那支笔，笔尖上的墨点，溅落在纸上了。那些突兀出来的斑点，是在纸上撒上的盐，等颜色干透了，就出现了这样的效果。

显然，这都是懂得绘画的人的法子，简便易行，对于初学的孩子，最是富有吸引力。

有一次，在视频中，孩子每人手里拿着一个三合板，上面涂抹着像油画颜料一样非常厚重的颜色，画的都是一棵春天里开满鲜花的树。弟弟画的花粉中泛白，像桃花，开在暗红色的背景里，像开在日暮的黄昏时分，树的后面有晚霞在慢慢地垂落。哥哥画的花是白色的，像梨花，开在黑色的背景中，像开在暗夜里，小星星般在闪动着明亮的眼睛。

这样的画，我还从来没见小哥俩画过。我不懂他们用的是什么颜料，一问，才知道是丙烯。我还从来没有见过丙烯，更从来不知道怎么用这种颜料画画。我对小哥俩说：我去美国的时候，你们俩得教教我怎么用丙烯画画！

夜晚的树　得得（五岁半）

那小小的三合板，是专门制作的油画布板，是宋老师专门从美术用品商店里买来的。让孩子们从小尝试用不同的材料作画，认识绘画的丰富性和多样性，不在于孩子画得好坏，更在于孩子兴趣的培养和美育的入门。我对这位宋老师充满好感和敬意。

教小孩子画画，尤其是水彩画，因为有了水的加入，对于孩子会多了一种兴趣，这有点儿像孩子玩水一样，游泳也好，滋

雪地上的花　高高（七岁半）

水枪也好，都会让孩子跃跃欲试。以水醒色，让色彩在瞬间发生了梦幻般的变化，让孩子看到绘画的神奇好玩。在这里，教授孩子一点简便易学的方法，让孩子爱学，同时学习绘画入门之道，作为老师，是不容易的，不简单的，不是所有会画画的人都能够胜任的。它需要的不仅是绘画的技能，更需要的是对孩子心理的了解，以及对孩子的耐心和爱心。

这一次来到美国，我专程去看了一次宋老师教孩子画画。

课堂就在宋老师家的地下室里。走进房间，到处摆放着宋老师自己的画，往地下室走的楼梯的两旁，挂着的也是画，正面挂着宋老师临摹的局部韩熙载夜宴图，工笔线勾白描。地下室一分为二，外间摆着两幅大画，都是富有现代派味道的装置艺术，一幅是用铁丝编制；一幅则是用深褐色的长角豆荚，一根根，用线缝制在一块白布上，根根遒劲，自然地扭曲着，交错着，舞动着，雕塑感很强，金属感很强，造型很是别致新颖。

一个曾经有着自己喜爱又不错的工作正当年的女人，为了丈夫的事业，也是为了家和爱，毅然辞去了工作，跟随丈夫千里迢迢来到一个完全陌生的国度，权且栖身做一个幼儿园的老师，并没有像有些娇惯的女人那样抱怨或失落，而是心态平和，不仅随遇而安，还保持着一份对艺术的挚爱之心，让平淡的生活有了新鲜的色彩和律动，不是所有的女人都能够做到的。

宋老师画的向日葵

里面的一间，便是课堂了，好几个孩子趴在桌子上画画。桌子上布满了管状的水彩颜料、调色盘和用酸奶罐装着的水。宋老师站在里面，正在教孩子们画画，见到我，走了出来。

这两天刚下了雪，今天我想让孩子画画雪，没想到今天下雨了，雪都快化干净了。宋老师笑着对我说。

在她的指导下，孩子们画的雪，都很有意思。我仔细看了看，画面都很简单，背景的天蓝色中加了一点淡淡的紫色，然后用点点的白色从空中飘洒下来片片的雪花，为了衬托这样雪花的白色，下面用墨色画几棵松树，松树的画法也很简单，只求神似，不求形似，都是上尖下宽，几笔弯曲扭动下来，有了树的意思。这样的画法，对于孩子简便，好掌握。

宋老师画的鹿

我看了高高和得得的画。高高是按照老师的要求，背景是天蓝色的，黑色的松树，有远有近，有深有淡，雪地上还画了零乱的蓝色。弟弟的背景画成了紫色，像是雪落在夜晚，地上画着一只红狐狸。他立刻对我说：不是狐狸，是狼！那匹红狼长着一个人一样的大脑袋，不知在想什么。弟弟总是愿意让他的画有故事。

我对宋老师说：您教得真好，两个孩子总对我说起您，他们都特别爱跟您学画画！

宋老师微微地笑着，说我说得太客气了。

我说：是真的，我也从中学到不少呢！

下雪了　高高（八岁）

29. 楼梯两旁的画展

这次来美国，弟弟得得六岁的生日刚过。哥哥高高八岁零两个月。从高高刚落生不久，这八年来，我们基本每年都会来美国住半年，可以说，两个孩子，是看着他们一点点长大的，房间的墙上，还留下他们一年年长高的痕迹。孩子的成长，就像飞驰的火车，成为我们年老的参照物，也让看不见的日子留下了看得见的痕迹，所谓雪泥鸿爪。

应该庆幸的是，在两个孩子成长的这几年时光里，有绘画

寒假里的画　高高（八岁）

一直陪伴着他们的成长。当然，没有绘画，一个孩子照样可以长大，但是，我相信，有绘画经历的孩子，和没有一点绘画经历的孩子，成长的意思不尽相同。就像曾经看到过的一首小诗：风来过，花知道。风看不见，也不会如金钱或实物那样实际实惠实用，但是，风毕竟曾经吹拂过花朵，并吹开了花朵从含苞到绽放。花，自己感受得到，知道了，就可以了。

所以，我说喜欢画画，比会画画更重要。对于一般的孩子，绘画只是阶段性的伙伴，并不是终生的事业，而喜欢亦即爱好，则可以陪伴终生。

以我浅薄的经验，孩子学画画的最佳年龄，除了特别有天分和特别热爱绘画的孩子，一般是从三岁左右开始，八九岁上下结束，最迟到十岁左右止。因为这时候的孩子，懂得的事物渐渐多

起来，外界对他们的吸引或者叫做诱惑，也渐渐地多起来，而玩的东西特别是电子游戏，更是与时俱进地多了起来，他们的心不会再像以往那样纯净和安静，而容易分散，画画便不会再像以前那样有着独特的吸引力。这是很正常的，是所有孩子必须要经历的过程。学习绘画，对于一般的更多的孩子，本来就是这样年龄阶段陪伴他们的一段过程，就像作为爷爷的我，本来就只能是陪伴他们人生的一段过程一样。

值得欣慰的是，在这样的一段过程中，我和两个孩子在一起。他们在学习，我同时也在学习；他们快乐，我同时也快乐。尽管无法返老还童，毕竟和童年亲密接触，感受到童

楼梯旁的画展

寒假里的画 得得（六岁）

年最美好温馨而难再的气息。

这次来到美国，进入孩子的家门，第一眼便在楼梯两旁，看见了分别挂着孩子们的画，是他们的爸爸妈妈从两个孩子画的那么多的画中挑选出来的，特意把画装进镜框里，沿着楼梯呈阶梯状由下挂到最上面。孩子这些年的足迹，也都清晰而温暖地印在上面了。

花，不仅开在了楼梯两旁的墙上；风，也分明留在了墙上，轻轻的在荡漾，发出动人的回声。

倒过时差之后，我仔细看看楼梯两旁的这些画，一面挂着八幅，一面挂着六幅，对于孩子画过的厚厚十几本画本上的那些画来说，不算多。不过，精选出来，挂在了墙上，就像是挂在墙上的锦旗和奖章，每一个进入这个家的朋友

蜗牛　高高（七岁半）

大鱼　高高（七岁半）

海马　高高（七岁）

或客人，都可以看到；对于孩子来说，就是一种回顾展，是一种无声的表扬和鼓励。

我看到，画上有的画着房子，有的画着动物，有的画着花朵，有的画着飞机，有的画着孩子……五彩缤纷，像花开的草地，像灌满水的水罐，像眨动着眼睛的满天的星星，是那样的生动，那样的饱满，充满童趣和童真。

那是孩子们的世界，是他们的童年，也是他们的想象和未来。看着这些画，我的心里有些感动，大概是由于一畦萝卜一畦菜，自己的孩子自己爱吧。不过，我确实有些感动，因为在这些画里，我看到了孩子，也看到了自己。孩子们留下了这么多用他们稚嫩的小手画的画，让他们的童年留有美丽色彩的点染和律动，也让我的回忆如眼前这些美好的画面一样，在一幅幅地回放。

我们刚来这里的时候，孩子们还在放寒假。开学之前，每个人画了一张画，一连画了两个晚上。他

飞机　得得（五岁半）

们画的都好复杂，和以前那简单的画相比，画幅也像他们一样长大、长高了好多，心思复杂了好多。

和哥哥学画画　（得得四岁，高高六岁）

弟弟一如既往地让他的画里有着故事。他画了一只兔子，从画面的最底下，一直活动到最上面，形成了他自己要讲述的故事链。小兔子在地下室里睡醒了，吃过了饭；顺着长长的梯子，爬到了上面的房间里，在摆弄着挂在房子上面的一根根胡萝卜；然后，小兔子爬到了房顶上面。我不知道它为什么要爬到房顶，爬到房顶要干什么。烟囱在冒着黑烟，地上有一棵大树，地上长满绿草，开满红花。小兔子是在看风景吗？还是我们大人爱说的那句已经变得俗不可耐的话，在眺望诗和远方？

高高、得得刚画完一张画　（高高八岁，得得六岁）

我画高高和得得

我画高高、得得和他们的爸爸

爷爷　高高（八岁）

房上的猫　高高（七岁）

高高、得得的画本

高高、得得的画本

哥哥画的纯粹是房子，没有人物，没有小动物，没有故事。房子有彩色的瓦，有三角的顶，有圆圆的窗，有桌子有椅子，有书有茶杯有花瓶，有爬满一墙的绿植，还有枝形吊灯……旁边另一个像是大棚子里，或者是一个透明玻璃的阳光房里，有游泳池，或者是养鱼池，还有奇怪的沙发和茶几，电脑和穿衣镜……外面，和弟弟一样，画的是大树、草地和花朵。我不知道他想要表达的是什么，一切是那么的安静，只有三朵不同颜色的花悄悄地开着，只有最后添加上去的两条金鱼在静静地游着。莫非是在等待着要发生些什么吗？会发生些什么呢？我不知道。我问高高，他也不知道。

这两幅新的画，可以作为楼梯两旁画展的补充和延伸。是他们新的一年新的画，新的心思和新的秘密。

寒假过去了。开学了。

他们又要长大一岁了。

他们会再画出什么新的画来呢？

他们还会再坚持画多久呢？

2018年1月8日至2月4立春初稿于布鲁明顿

2018年3月2日元宵节改毕于布鲁明顿

后记

《我和孩子一起学画画》这本书终于写完了。幸亏这时候来到了美国看望孩子，否则，这本书是难以写成的。来到这里，看到书架上满满的堆积着两个孩子画的所有的画本，以及他们做的剪纸、手工和树叶标本。从头一页页、一件件地翻看，曾经和两个孩子一起学画画的情景，很多已经淡忘的往事，那么清晰地浮现在眼前。就像卡彭特唱的那首老歌：昔日重现。

我将写好的其中两章，分别读给了两个孩子听。老二得得听完了，让我接着给他读下面的一章。老大高高听完了，回过头紧紧地搂住了我。曾经发生过的一切，他们都还记得。

人的一生，会有很多的经历，有的经历，命中注定，只有一次。

作为写作者的一生，会写很多本书，有的书，一样命中注定，只有一本。

我庆幸自己有这样一本书的完成。尽管在写之前，我还不完全清楚我要写些什么，我又能写些什么。是两个可爱的孩子帮助了我。他们画成的那么多色彩缤纷的画，让我有了那么多的回忆，有了这本书。

作为“肖复兴读写系列”中的一本，这是计划中的最后一本。去年完成了前两本：《我的美术散记》和《我的体育漫记》，这样，这一套丛书就全部完成了。我可以松一口气了。想想从最初学作文是教儿子，到如今学画画是和孙子，我确实已经老了，该收笔了。

我当过大中小学的老师，也当了父亲和爷爷，多重的身份，让我关心孩子的成长。作为成年人，我们都必将老去，而孩子们未来的路还长，他们理应比我们活得更健康些，更美好些，更充满希望些才是。鲁迅先生所说的“来日方长，希冀在即”，说的应该就是这样的意思。因此，尽管面对关于孩子教育与成长方面的困惑很多，还是一直坚持这些年，将自己浅薄的经验、体会和感悟，分门别类写成了这样八本书，愿意和读者一起分享、探索和实践，目的正是为了孩子们。

非常感谢这么多年以来广东教育出版社，尤其是这套书的责编邱方女士的支持、信赖和鼓励，才能够使得这套书蔓延这么多年的时间出版，一直到这套书的最后一本出版。记得刚认识邱方的时候，我的孩子还在读中学，而邱方还年轻，和孩子一起荡漾在漓江之上的情景，恍若昨日。如今，这套书就要出齐，邱方竟也到就要退休的年龄了。一代人的长大，正是以一代人的老去为代价的。想起放翁的诗句：旧交唯有青山在，壮志皆因老病休。不禁慨然。

也要非常感谢这么多年来坚持读这套书、一直读到现在的读者朋友。谢谢你们一直的陪伴，让我有勇气一直写到了现在。

来美国写这本《我和孩子一起学画画》的时候，窗外雪花纷飞。现在，窗外已是细雨霏霏。春天又到了。亲爱的读者朋友，请接受我遥远的问候和祝福。

2018年3月2日于布鲁明顿细雨中